亲近历史·中华上下五千年

品味元代

QINJIN LISHI ZHONGHUA
SHANG XIA WUQIAN NIAN

小莳 编写

胡舒勇 陆嘉伟 等 绘画

全国优秀出版社
浙江少年儿童出版社
·杭州·

 目录 MULU

你知道第一个统一中国的少数民族是哪个吗？

没错，答案就是蒙古族。1206年，蒙古族领袖成吉思汗建立了蒙古汗国；1271年，元世祖忽必烈改国号为大元，建都大都（今北京）；1279年，元灭南宋，忽必烈统一了中国。

蒙古族是一个非常勇敢、能征善战的民族，他们通过战争，获得了大量领土。元朝的版图东、南至海，西至新疆，西南包括西藏、云南，北面包括西伯利亚大部，东北至鄂霍次克海，疆域比以往任何一个朝代都要辽阔。

元朝的陆上贸易、海上贸易非常兴旺，与亚、非、欧国家的联系空前加强。中国的印刷术、火药等发明，就是在那个时候传到西方去的；而阿拉伯、波斯等地的科学成就，也是在那个时候传入中国的。

虽然元朝只维持了短短九十八年，却留下了很多动人心魄的史话。在这本书中，我们就要带领大家走进这个超级帝国。

1

传说中蒙古人的祖先

　　蒙古人来自哪里？历史学家发现，在5—6世纪时，呼伦贝尔大草原上就居住着蒙古人的祖先——室韦人。室韦人中有一个部落叫"蒙兀"，这是根据蒙古语的读音翻译过来的，也有人写成"萌古""朦骨"或"蒙古里"。元朝后，这个部族被正式称为蒙古族，并且流传了下来。

　　今天一说起蒙古族，人们就会联想到一望无际的大草原和星星点点的蒙古包。蒙古族被誉为"马背上的民族"，蒙古人在草原上策马驰骋，打猎放牧，并以此为生。他们原本生活在中国的北方和现在的蒙古国一带，13世纪的时候，"一代天骄"成吉思汗和他的子孙们带领蒙古人走出大草原，征服了大片土地。

　　蒙古人也总是在思考：我们到底来自哪里？为什么会出现在这个美丽的大草原上呢？他们把答案编成了一个个动人的传说……

鼓风箱·太阳的孩子

关于蒙古人来自哪里,有许许多多的传说……

很久以前,有两个友好的部族,一个是蒙古,一个是突厥。有一天,也不知道为什么,他们之间发生了争吵。由于两个部族的人都很勇猛,争吵逐渐升级为战争。蒙古人打了败仗,最后几乎所有的蒙古人都被突厥人杀死,只剩下寥寥数人侥幸逃脱。其中有两个男人分别名叫捏古思和乞颜,他们带着族人不停地跑啊跑,最后跑到了一个没有人的地方,这个地方叫作额尔古捏坤。

额尔古捏坤的地形非常险要,敌人根本找不到他们。捏古思和乞颜等人就在这里安顿下来。慢

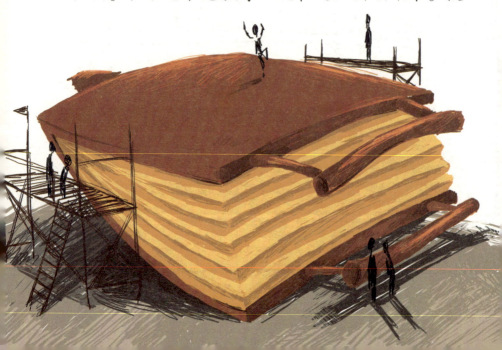

慢地,他们的子孙后代越来越多,额尔古捏坤已经容不下这么多人了,而额尔古捏坤的周围全是悬崖峭壁,一时也搬不出去。怎么办呢?

他们想出一个办法,用七十张牛皮做了个鼓风箱。

鼓风箱是什么东西啊?原来,过去没有燃气灶,人们生火要靠木材、煤炭,风越大,火也就越旺。聪明的先民们发明了鼓风箱,把风鼓得很大很大,火也就烧得很旺很旺了。

额尔古捏坤的居民们做成了一个举世无双的鼓风箱,燃起了熊熊大火,像熔化铁一样,把悬崖峭壁给熔化了。顿时,他们感到眼前一亮,广阔的大草原呈现在面前。就这样,他们开始了新的生活。

后来,捏古思家和乞颜家发展成了蒙古族的两大部落,蒙古人的英雄成吉思汗就是乞颜部落的后代。

在另外一个传说中,蒙古人和汉人都是太阳的孩子。

在非常非常古老的时候,世界上刚有了天和地,太阳生了两个女儿。

一开始,太阳的两个女儿只在天上生活,很快,她们就把天上给玩遍了,想去地上看看。那时候,黄河水从天上流下来,奔流了很长很长时间,流过了很多很多地方,终于流进了广阔的大海。天神造了世界上第一只小船，太阳的两个女儿欢天喜地地坐上小船，顺着黄河水来到了地上。她们到达的地方正是美丽的中国，姐妹俩一下子就喜欢上了这个地方，并且生活了下来。

姐妹两个慢慢长大了，到了嫁人的年龄。姐姐先嫁人，嫁到了南方。经过十月怀胎，姐姐生下了一个小男孩，她用柔软的丝绸包裹他。这个小男孩出生时，"唉咳、唉咳"地哭着，于是姐姐给他取了个小名叫"孩子"，而他正式的名字叫作"海斯特"，意思是"汉族"。海斯特降生时，手里握着一块土壤，他长大后就在广袤的土地上种植五谷。这就是农业社会的起源。

接着，妹妹也嫁人了，嫁到了北方，很快也生下了一个小男孩，她用毡子包裹他。和姐姐的孩子不一样，妹妹的孩子出生时"安啊、安啊"地哭着，于是他的小名就叫"安嘎"，正式的名字则叫作"蒙高乐"，意思是"蒙古族"。蒙高乐出生时手里握着马鬃，他长大后就放马、放牛、放羊。这就是游牧民族的起源。

蒙古人起源的传说

关于蒙古人的起源，流传最广的是这样一种说法：蒙古人是苍狼和白鹿的后代。这是为什么呢？原来，这和一本书——《蒙古秘史》有关。

《蒙古秘史》是一部关于蒙古族历史的奇书，至今已有七百多年历史。它既是一本扣人心弦的故事书，又具有珍贵的历史研究价值，所以1989年联合国教科文组织把它列为世界名著。

《蒙古秘史》开篇第一句话告诉我们："成吉思汗的根祖是受天命而生的孛（bó）儿帖·赤那与他的妻子豁埃·马阑勒。"

这个"孛儿帖·赤那"又有苍色狼的意思，"豁埃·马阑勒"又有白色鹿

历史微课

游牧民族　自古以来，游牧民族在中国辽阔的北方草原上繁衍生息，创造了丰富多彩的游牧文明。秦汉时期的匈奴、东胡，魏晋时期的乌桓、鲜卑、柔然，隋唐时期的突厥、回鹘，两宋时期的契丹、女真，元代以来的蒙古等，都在中国北方大地上占据着非常重要的地位。东胡被匈奴击败之后，分成乌桓和鲜卑两大部分，有学者认为，鲜卑的一部分演化成为室韦，室韦就是蒙古族的前身。

的意思,这就是"苍狼白鹿"的传说。

　　孛儿帖·赤那和他的妻子豁埃·马阑勒都是苍天的孩子,他们携手渡过了腾汲思水,最后来到了不儿罕山,不儿罕山上有斡难河的源头。正如黄河是汉族文明的摇篮一样,斡难河也滋润了蒙古高原上的水草,哺育了草原上的居民,包括成吉思汗一家。斡难河又名鄂嫩河,属黑龙江水系,它今天仍然奔腾不息,从蒙古国流入俄罗斯境内。

　　孛儿帖·赤那和妻子豁埃·马阑勒在不儿罕山上扎下了根,世代繁衍,他们的子孙后代也变得越来越多。他们牧马、打猎,不正像奔跑在大草原上的苍狼和白鹿一样,男的勇猛、女的温顺吗?

圣母折箭教子

孛儿帖·赤那和他的妻子豁埃·马阑勒在斡难河边定居下来,过了很多年,这个家族有了第十一代传人——哥哥都蛙锁豁儿和弟弟朵奔蔑儿干。

哥哥的额头上多长了一只眼睛,能看到很远的地方。有一天,兄弟俩到不儿罕山上玩,哥哥用他的"千里眼"远远望见有一群人正拖家带口搬过来,一个美丽的女子坐在一辆黑色车子的前头,于是哥哥对弟弟说:"我看这个女子很不错,要是她还没有嫁人,你就娶她为妻吧。"

弟弟听了很高兴,连忙下山打听。果然,这个女子还没有嫁人,她叫阿阑豁阿,是一个部落首领的女儿。后来,阿阑豁阿被蒙古人尊称为"圣母"。

没过多久,他们就结为了夫妻,并生下了两个儿子。他们幸福地生活了一段时间后,朵奔蔑儿干去世了。奇怪的是,丈夫去世后,阿阑豁阿又生下了三个儿子,分别叫不忽合塔吉、不合秃撒勒只、孛端察儿。

大儿子和二儿子觉得很纳闷,就在背后议论起母亲来了。慢慢地,母亲阿阑豁阿觉察到了儿子们的议论,就把五个儿子都叫到面前,让他们并排坐下来,给他们每人发了一支箭,说:"现在,你们把自己手中的箭折断。"五个孩子都轻而易举地做到了。

阿阑豁阿又把五支箭捆在一起，说："现在你们再把它们折断。"

这下，五个孩子谁也折不断五支箭。

母亲看了之后，先对大儿子和二儿子说："你们的父亲死后，我又生了三个儿子，让你们觉得很纳闷。可是，你们有所不知，这是上天赐予我的儿子啊，所以你们的三个弟弟不是凡人，等到他们成为

万众之主时,大家就都明白了。"

　　接着,母亲又语重心长地对儿子们说:"刚才你们都看到了,如果你们不团结,就会像一支箭一样,轻易地被人折断。可是,如果你们像捆在一起的五支箭一样,牢牢地团结在一起,那就谁也不能欺负你们。"

　　阿阑豁阿"折箭教子"的故事就这样一直激励着蒙古族人民团结,团结,再团结。

兄长,兄长,身必有首,衣必有领

一开始,五个兄弟并没有像母亲阿阑豁阿所教导的那样团结一致,因为他们还不明白其中的道理。

阿阑豁阿去世后,兄弟五人就分了家,各过各的。四个哥哥觉得弟弟孛端察儿愚蠢,都看不起他,什么家产也没有分给他,孛端察儿伤心地离开了家。他走啊走,最后来到一个很远的地方定居下来。孛端察儿看起来愚笨,其实有着普通人根本不能知晓的大智慧,他就是成吉思汗的十世祖。一开始,他的生活很艰难,可是靠着勤劳的双手,他慢慢过上了富裕的生活,家里挂满了各种各样的猎物。

有一天,孛端察儿的三哥不忽合塔吉突然想念弟弟,就顺着弟弟出走的方向去寻找他。他找到弟弟后,就领着他往家走,哥哥在前,弟弟在后。只听弟弟在后面大声说道:"兄长,兄长,身必有首,衣必有领。"哥哥一开始不明白这句话的意思,就没去理他。可是,弟弟还是不停地重复着这句话,哥哥终于有些不耐烦了,问道:"你老是说这句话,它有什么深刻含意吗?"

孛端察儿看到哥哥有了反应,连忙说道:"哥哥,就像身体离不开脑袋,衣服少不了领子,百姓也要有自己的首领。我生活的统格黎溪边都是些没人管的散民，他们不分大小贵贱，也没有首领，我们为什么不去做他们的首领呢？"

哥哥觉得弟弟说得很对，五兄弟便聚集在一起商量。接下来，他们齐心协力，轻而易举地征服了这些散民，做了他们的首领。

五兄弟后来分别成了蒙古五个氏族的创氏祖先，其中孛端察儿成了孛儿只斤氏的创氏祖先。孛儿只斤氏是乞颜部落中的一个氏族，也就是成吉思汗所在的氏族，这个家族后来被称为"黄金家族"。

五兄弟的后代继承了五兄弟的传统，甚至比他们的祖先更加骁勇善战，热衷征服，而"身必有首，衣必有领"，也成了他们整个民族始终坚信的信念。这或许就是日后蒙古人能够骑着骏马征服世界的原因吧。

历史微课

黄金家族 实际上，在成吉思汗死后，只有他的直系后裔，即术赤、察合台、窝阔台、拖雷四人的后代才被称为"黄金家族"，才有资格继承蒙古汗国的汗位。而在拖雷之子蒙哥夺得蒙古大汗之位后，这个范围又进一步缩小为拖雷的后代，其后的元朝皇帝和明朝时的鞑靼可汗均出自这一系。

2 成吉思汗出身于 "黄金家族"

　　在11—12世纪时，蒙古高原上生活着两种部落：森林狩猎部落和草原游牧部落，他们刚进入奴隶制社会没多久。森林狩猎部落以打猎为生，而草原游牧部落则放牧牛羊。其中，草原游牧部落人数占大多数。

　　草原游牧部落又由许多"斡孛黑"组成，斡孛黑就是"氏族"的意思。每个氏族都有自己的贵族，他们在蒙语里被称为"那颜"。那颜们都拥有大量的奴隶和牲畜，奴隶们得帮贵族放牧、剪羊毛、挤牛奶，干各种各样的活。

　　在这些草原游牧部落中，有一个叫"乞颜·孛儿只斤"的氏族，成吉思汗的父亲也速该就是这个氏族里的一个首领。孛儿只斤氏在蒙古草原上有着很高的威望，被称为"黄金家族"。他们的祖先海都建立了蒙古人的第一个国家，可是在塔塔儿部落和金国的联手破坏下，黄金家族建立的第一个国家不幸解体了。

"黄金家族"孛儿只斤氏

在很久很久以前，蒙古人自由地生活在大草原上，以放牧为生，他们的生活方式非常原始，甚至还没有进入奴隶制社会。后来，成吉思汗的祖先孛端察儿开始用武力征服散居在草原上的民众，把大家团结在一起。再后来，成吉思汗曾祖父的曾祖父海都，建立了第一个蒙古人的国家，而海都也成了蒙古人的第一位领袖。

海都非常勇敢，要是谁胆敢冒犯蒙古人、抢夺蒙古人的财物，他必定率兵反抗。他制服了一群群前来挑衅的人，并把他们都纳入自己的国家。

海都的蒙古部落还是一个很原始的国家，他们没有文字，没有书本，更不像当时的汉族人一样有高度发达的文明。他们团结在一起，是为了更加强

大，来抵抗其他草原部落的侵犯。

海都死后，他的子孙们把领地分了，不过，只有海都的曾孙、成吉思汗的曾祖父合不勒最勇敢也最能干，所有蒙古人都牢牢地团结在了他的身边，称他为可汗。

"可汗"原来是"神灵""上天"的意思，北方草原上的人们常常成群结队地一起放牧，他们就把首领称为可汗，也称可寒、合罕、大汗、汗。合不勒汗是第一位真正意义上的蒙古可汗。

在合不勒汗的带领下，蒙古人不再是乌合之众，他们好比是一条拧在一起的牢固的绳子，逐渐进入了奴隶制社会。当时，蒙古人的势力已经超过了强大的塔塔儿人和乃蛮人。

后来，蒙古人的可汗之位一直在成吉思汗的祖先中传递。成吉思汗所在的孛儿只斤氏家族因为一直占据着蒙古人的汗位，所以被称为"黄金家族"。

合不勒汗出丑

合不勒汗统治的时候，蒙古人刚进入奴隶制社会。他们世代生活在大草原上，以自己的方式快乐、淳朴地生活着，从来也没有见过外面的世界。

随着蒙古一天比一天强大，它自然引起了其他草原部落的注意，就连当时中国北方最强大的国家——金国也不由得对它刮目相看了。有一天，他们邀请蒙古可汗合不勒去他们的都城做客。

合不勒虽然贵为可汗，可当他见到金国那金碧辉煌的宫殿时，不禁看呆了。而金国的王公大臣们看到合不勒汗也很惊讶，只见他长得虎背熊腰，穿得像一个原始人一样，他们不禁打心眼儿里有些瞧不起这位可汗了。

合不勒汗坐在这些身穿华服的王公大臣身边，感到很不自在。他看到金国人把饭菜做得那么精美，感到很不可思议，因为蒙古人都是大口喝酒、大块吃肉，吃的时候也没那么讲究，都

历史微课

合不勒汗 生卒年不详，姓孛儿只斤氏，是蒙古部贵族首领，成吉思汗的曾祖父。五代十国及北宋时期，中国北方草原由契丹人建立的辽朝统治，蒙古各部落也受其控制。1125年，金灭辽，并大举南下攻宋，因此无暇北顾。于是，合不勒在蒙古草原上趁机脱离辽、金的统治而自立，拓土开疆，威势日盛，附近各部族在1127年推举他为蒙古部长，遂称"合不勒汗"。

是用手直接抓的。

　　合不勒汗喝醉了，他忘了自己身处何方，更是把那些礼节、拘束统统抛到了九霄云外，他竟然走到金国皇帝面前，捋起了皇帝的胡子。合不勒汗的举动惹得在座的大臣们哈哈大笑，他们心里都在鄙夷他：这个蒙古可汗真是个乡巴佬。

　　宴会过后，金国皇帝送给合不勒汗许多金银财宝，把这个"乡巴佬"打发走了。可是，金国皇帝转

念一想：蒙古既然这么落后，我何不去征服他们呢？于是他出兵攻打蒙古。谁知，金国人眼中的"乡巴佬"其实是一个能征善战的勇士。由于大大低估了合不勒汗的能力，所以金国精兵败给了蒙古勇士。

战争失败后，金国不敢再小看蒙古人的战斗力。他们害怕蒙古会越来越强大，便想尽办法要消灭蒙古人。

亲家没做成，反成了仇家

很快，金国想到了一个消灭蒙古人的"好办法"，那就是联合塔塔儿人共同对付蒙古人。塔塔儿人又被称作鞑靼、达达、达靼等，是当时蒙古大草原上五个最强大的部落（乃蛮、克烈、蔑儿乞、塔塔儿、蒙古）之一，和蒙古人一样，他们也在草原上过着游牧的生活。塔塔儿人和蒙古人之间的关系时好时坏，有时候他们像朋友一样坐下来一起喝酒，

有时候又为了争夺霸主的地位展开厮杀。为了借助塔塔儿人的力量打败蒙古人，金国故意对塔塔儿人表现得非常亲密，而塔塔儿人也被金国送来的礼物迷住了。

合不勒汗死后，他的堂弟俺巴孩继承了可汗的宝座。由于游牧民族不允许同一部落内贵族互相通婚，所以俺巴孩就把自己的女儿许配给了塔塔儿人。为了表示敬意，他亲自把女儿送到了塔塔儿部落。

夜幕降临了，塔塔儿部落的草地上燃起了篝火，大家都来参加喜庆的宴会。可是，宴会进行到一半的时候，塔塔儿人做了一件谁也想不到的事情，他们居然把自己的亲家俺巴孩五花大绑起来，并且押送到了金国的国都。

金国的目的不正是要消灭蒙古人吗？现在蒙古人的首领成了他们的俘虏，他们自然不会轻易放过他。他们采用了最残酷的刑罚，把蒙古人的可汗俺巴孩钉死在了木驴上。

临死前，俺巴孩感到万分后悔，可是为时已晚。他让手下回去转告合不勒汗的儿子忽图剌："我现在把可汗的位子传给你，作为首领，你可千万别再亲自送女儿出嫁了，否则又会落得和我同样的下场啊！现在我被塔塔儿人抓起来了，你们来日一定要为我报仇，就算指甲磨光、十指流血也不能改变信念！"

根据俺巴孩的提名，忽图剌当上了蒙古可汗。后来，忽图剌向塔塔儿人发动了十三次战争，但是都没有取得胜利。

历史微课

鞑靼 古族名，也称"达达""塔塔儿"等。历史上鞑靼的指称范围随时代不同而有异。唐朝时，鞑靼为突厥统治下的一个部落，突厥衰落之后，鞑靼逐渐强大，分布在今呼伦贝尔及克鲁伦河一带。宋、辽、金时，除本部外，又将漠北蒙古部称"黑鞑靼"，漠南汪古部称"白鞑靼"等。蒙古兴起后灭鞑靼部(塔塔儿人)，西方仍将蒙古泛称为鞑靼。明朝建立后，又将东部蒙古成吉思汗后裔各部称为鞑靼。

亲近历史·中华上下五千年

QINJIN LISHI ZHONGHUA SHANG XIA WUQIAN NIAN

"铁木真"名字的由来

成吉思汗的父亲也速该是合不勒汗的孙子,忽图剌汗的侄子,他是蒙古人乞颜部落的首领。

有一天,也速该外出打猎。在路上,他看到一个叫也客赤列都的人娶妻归来。也客赤列都是篾儿乞人,他新娶来的妻子叫月伦,长得非常美丽。也速该心想:要是我能娶她为妻,该多好啊!

于是,他连忙回家请来哥哥和弟弟帮忙,要抢走也客赤列都的妻子。新娘月伦非常着急,她对自己的新郎呼喊道:"也客赤列都,他们三人准备要你的命,赶快逃跑吧!你只要留着性命,何愁娶不到妻子呢?"新郎听了新娘的话后,就策马逃走了。

月伦虽然非常伤心，非常想念她的新郎，可是蒙古人向来崇尚武力，"胜者为王，败者为寇"，而且月伦觉得也速该是一位勇士，她也就渐渐喜欢上了也速该。

自从可汗俺巴孩被塔塔儿人杀了之后，蒙古人就和塔塔儿人誓不两立，他们发动了无数次战争，希望为俺巴孩报仇。

1162年的某一天，蒙古人又和塔塔儿人大战一场，最后，也速该抓了两个塔塔儿人回来。这两个俘虏一个叫铁木真兀格，一个叫豁里不花，其中铁木真兀格是塔塔儿人的一个部落首领。

也速该领着俘虏兴高采烈地回家了，没想到家里还有更大的好事等着他，原来，他的妻子月伦怀胎十月，为他生下了一个儿子。

真是双喜临门啊！也速该高兴极了，觉得这真是不寻常的一天，于是，他就用其中年长的俘虏的名字为他的儿子命名，那就是"铁木真"。

"铁木真"是名字，而"成吉思汗"则是铁木真成为可汗后的尊称。

3 成吉思汗有一个坎坷的童年

大地滚滚翻腾,天下到处作乱。

谁能在被窝里安睡!

人们互相残杀。

——摘自《蒙古秘史》

成吉思汗铁木真的童年非常坎坷。虽然他的父亲曾经是颇具威望的部落首领,然而,在他九岁时,父亲就被塔塔儿人所杀,部落的成员也都投靠了其他部落。从那以后,铁木真一家只能靠挖野菜、摘野果来填饱肚子。

在艰难无助的岁月里,铁木真不但没有被击倒,反而在他母亲月伦的教导下,变得比他的父亲更加勇敢、更加聪明。然而,勇气和智慧带给铁木真的却是更大的考验——看到又一个"也速该"正在长成,敌人们变得不安起来,他们对铁木真虎视眈眈,满脑子想的都是如何加害于他。铁木真能渡过难关吗?

九岁时,铁木真被定亲

1171 年,铁木真九岁了,也速该很喜欢这个儿子。为了不让儿子再像自己一样去抢别人的新娘,他准备去附近的氏族中为铁木真求一门好婚事。

九岁就结婚?没错。蒙古人习惯早早地为子女订婚。蒙古族有一个规定:同一个氏族的贵族是不能通婚的。而要从其他氏族娶到一个好老婆,可不是一件容易的事情,所以,要想获得一门称心如意的好婚事,就得趁早打算。

做出决定后,也速该就带着铁木真前往另一个部落,寻觅未来的儿媳妇。

父子俩走到半路,遇到了老朋友德薛禅,他是弘吉

剌氏族的贵族。德薛禅亲切地问也速该:"老朋友,你这是去哪里啊?"也速该回答说:"我去给儿子说一门好亲事。"

德薛禅听了也速该的话后,感到非常惊奇,因为他前一天晚上刚刚做了一个梦,梦见一只白海青(蒙古人的守护神鹰)抓着日月直接落到了他的手上。他就把自己做的梦告诉也速该,然后说:"老朋友啊,我正在纳闷这梦是什么意思,现在全明白

了。日、月都是用眼睛看的东西，现在被送到了我的手上。我看你的儿子目中有火，面上有光，他就是送到我手上的日月啊！你何必再跑那么远去说亲呢，我家就有一个小女儿，今年刚满十岁。老朋友，快来我家看看吧！"

也速该听了德薛禅的话，也觉得很惊奇，就带着铁木真去了德薛禅家。德薛禅的小女儿名叫孛儿帖，长得聪明伶俐、美丽动人。也速该看了之后觉得很满意。

第二天，也速该便向德薛禅正式提亲了。

德薛禅爽快地回答他说："既然这是上天注定的姻缘，那我还有什么好拒绝的呢？按照习惯，你把铁木真留在我家吧。"

历史微课

孛儿帖(1161—?)

姓弘吉剌氏，是成吉思汗的正宫皇后，比成吉思汗年长一岁。孛儿帖温柔善良，聪慧贤明，辅佐成吉思汗奠定蒙古帝国基业，是成吉思汗的坚实后盾。育有四子：术(zhú)赤、察合台、窝阔台、拖雷。铁木真十九岁时，为救妻子孛儿帖，打响了人生第一场战争。

铁木真一家被赶出贵族行列

也速该为铁木真定好亲事后,把自己的马作为聘礼送给了亲家,就独自回家了,而铁木真则按照蒙古人的惯例,暂时住在新娘家里。

也速该走到扯克扯儿草地时,感到非常口渴,他远远地看到一群人正在举行宴会,就走过去讨水喝。

这是一群塔塔儿人,就是杀死俺巴孩可汗的那个部落。塔塔儿人一眼就认出了也速该,但还是热情地邀请他一起参加宴会。也速该当时口渴极了,就接受了他们的邀请。

宴会进行到一半的时候,塔塔儿人起了歹心,在也速该的酒里下了毒。

宴会结束后,也速该渐渐感到身体不适,开始恶心呕吐,这时他才明白塔塔儿人对他下了毒。

也速该苦撑了三天三夜,终于熬到了家,那时,他已经奄奄一息了。他在临死前,叮嘱家人说:"铁木真在他的新娘家里,赶快去把他接回来。我是被塔塔儿人下毒所害的,你们一定要为我报仇!"

失去了一家之主后,铁木真一家从强大的家庭变成了一个弱小的家庭,其他贵族家庭都瞧不起他们。

春天的时候,蒙古人举行祭祀仪式,祭奠死去的可汗俺巴孩。本来,在祭祖仪式结束后,贵族们都会分享祭品。可是,那天祭祖,铁木真的母亲月伦什么祭品也没有分到。

月伦生气地说:"现在我们的也速该去世了,你们就不把我们放在眼里了,连祭品都没我们的份了?"

谁知,俺巴孩的妻子毫不客气地回答月伦说:"哼,你真是太没有礼貌了,在我们俺巴孩的祭祀仪式上发火,这还像话吗?"

然后,俺巴孩的妻子又鼓动其他人说:"我们还是赶快离开这里吧,让他们一家留在这里好了。"

从那以后,没有人再把他们当贵族看待,铁木真一家陷入困境之中。

母亲举起红缨枪，追赶离去的手下

铁木真的父亲也速该曾经是蒙古大草原上一位有威望的部落首领，他无比勇敢和聪明，人们都称他为"把阿秃儿"，意思是"勇士"，人们都团结在他的周围。

现在，也速该去世了，而他的大儿子铁木真只有九岁，大家都认为这个家庭已经完了。泰赤乌氏的贵族实力最雄厚，他们带头离开了乞颜部落。当族里的一位老人出面劝阻时，还被刺伤了背部。

铁木真的母亲月伦知道后，以最快的速度跳上马背，举起红缨枪去追赶那些离去的手下。

有些人念在旧日的情谊上，跟随月伦回来了，但大部分人都随泰赤乌氏离开了。然而，没过多久，那些回来的人觉得铁木真一家再也没有希望了，最后还是投入到泰赤乌氏的阵营中。

铁木真一家失去了旧日的荣耀，只剩下孤零零的一家人住在不儿罕山下、斡难河的上游。

铁木真家靠采集野果维生

铁木真一家被自己的氏族抛弃后，孤零零地生活着，日子非常艰难。

也速该留下了四个儿子和一个女儿，铁木真是其中最大的孩子，但也不到十岁，家里的财产只有九匹马。

草原放牧生活最讲究团结、合作，这样才能远离危险，捕获更多的猎物，而铁木真一家现在无依无靠，况且五个孩子年纪都太小了，还不能成为真正的劳动力。面对困境，母亲月伦没有绝望，她带着孩子们在不儿罕山上采集野果，打土拨鼠，在斡难河里钓鱼。

虽然孩子们只能吃野果、野菜，可是他们都继承了父亲的勇气和智慧，在艰难的生活中变得更加懂事、更加自强不息。渐渐地，兄弟四个都长成了好男儿。铁木真强壮、勇敢、机智、果断，弟弟合撒儿是个神箭手、大力士，其他弟弟也都很勇敢。

然而，铁木真一家的变化却被敌人看在了眼里，他们又开始动起了坏脑筋。

历史微课

合撒儿(1164—?)本名拙赤，合撒儿是称号，猛兽的意思。合撒儿是也速该次子、成吉思汗胞弟，蒙古将领。他生性刚直、桀骜不驯，以勇敢善射著称，从少年时代起就跟随成吉思汗，为蒙古族的统一和蒙古汗国的创建立下了不朽的功勋。

泰赤乌部抓走了铁木真

铁木真的父亲也速该死后，泰赤乌氏族的人离开了铁木真一家，并带走了部落其他成员。当得知铁木真逐渐成长为一个勇士时，他们的心里感到非常不安，害怕铁木真有朝一日会东山再起，找他们报仇，于是他们袭击了铁木真一家。

铁木真飞快地逃到附近的山上，躲了九天九夜，最后快饿晕过去了，他心想：与其在这里不明不白地死去，不如出去碰碰运气。然而，铁木真一走出山林，就被等在外面的敌人抓走了。

敌人把铁木真关了起来，看得死死的，直到有一天……

那天，泰赤乌部举行隆重的宴会，只安排了一个弱小的孩童看管铁木真。宴会结束后，大家都喝得醉醺醺的,回帐篷休息去了,铁木真趁机用身上的枷锁砸晕了看守,跑到河边的树林里躲了起来。

没过多久,泰赤乌部的人发现铁木真逃跑了,连忙派人去搜寻他。这时,机智的铁木真藏到了河水中,只把头露出水面呼吸。然而,铁木真的处境还是非常危险。这时,一个搜寻者靠近了铁木真躲藏的地方,他的名字叫作锁儿罕失剌。

锁儿罕失剌一直很同情铁木真,也很钦佩他,当他看到铁木真的脑袋后,就轻声地对他说:"别怕,你很聪明,这么躲着非常对,我不会告发你的。"

锁儿罕失剌不但没有告发铁木真,还想办法把他的同伴都打发走了。在锁儿罕失剌一家的帮助下,铁木真重新回到了家人身边。

锁儿罕失剌是个非常善良的人。铁木真当上蒙古可汗后,锁儿罕失剌并没有居功自傲,也没有前来领赏,直到有一天,他们家落难了,才来向铁木真寻求帮助,而铁木真也始终没有忘记他们一家对自己的救命之恩。

4. "义父"王罕变成了铁木真的敌人

　　王罕原名脱斡邻勒，因为金国曾经封他为王，所以人们都称他为"王罕"。王罕年轻时，曾经多次遭到弟弟、叔叔的攻击，幸亏铁木真的父亲也速该鼎力相助，王罕才得以成为克烈部的首领。

　　铁木真长大后，和王罕结为"父子之盟"。从小缺少父爱的铁木真，有了这个"父亲"后，感到非常高兴，对义父非常崇敬，非常孝顺。然而，随着铁木真的势力一天比一天强大，王罕对这个义子的感情却起了变化。为了巩固自己的统治，他一次又一次地加害铁木真，铁木真却一次又一次地原谅了他。然而，王罕却始终不肯罢休。铁木真能逃过劫难吗？

铁木真与王罕结盟

铁木真九岁时，父亲按照蒙古人的习惯，为他定下了一门亲事。父亲死后，他回到母亲身边，就再也没有见过自己的妻子。

在艰难而危险的生活中，铁木真逐渐长大成人。他十六岁时，成了一个真正的勇士，他决定去岳父德薛禅家迎娶自己的妻子孛儿帖。

德薛禅见到铁木真后，高兴得热泪盈眶，他说："听说泰赤乌部的人一直在想方设法害你，我真为你担心啊！现在亲眼看到你还活着，我就放心了。"

虽然铁木真一家已经衰落了，但是德薛禅并没有嫌弃他，而是仍然很喜欢这个女婿，便爽快地同意铁木真把孛儿帖娶走，并为他们举行了隆重的婚礼。婚礼结束后，新娘孛儿帖的母亲亲自把女儿送到婆家，德薛禅还把一件贵重的黑貂鼠皮袄送给铁木真，作为女儿的嫁妆。

成家之后，铁木真就下决心重新建立他父亲的基业。但是，他赤手空拳，一无所有，难以抵抗泰赤乌部的迫害。

当时，克烈部的可汗王罕是铁木真父亲生前的好友，在蒙古草原上有着很强大的势力。铁木真决定去寻求王罕的帮助，他带着孛儿帖的嫁妆——黑貂鼠皮袄，前去拜见王罕。

铁木真诚心诚意地对王罕说："您和我父亲曾经是好朋友，所以您就像我的父亲一样亲。我刚娶了媳妇，特来为您献上一件黑貂鼠皮袄，孝敬您。"

王罕听了非常高兴，他说："我会把这份情谊记在心间的。以后你有什么困难，就尽管来找我吧。"

就这样，铁木真和克烈部可汗王罕结成了"父子之盟"。有了王罕的帮助，铁木真一家就不再像以前那么势单力薄了。而铁木真也非常敬重这位义父，有什么战利品，总是先奉送给王罕。

历史微课

克烈部 辽、金时期蒙古草原上的强大部族，有六部落，居住在土拉河、鄂尔浑河上游一带。由于克烈人长期与突厥人杂居，因此在语言、风俗方面受到突厥的深刻影响。王罕被铁木真打败后，克烈部灭亡，克烈人在成吉思汗建国后被编入各千户，后来克烈人作为蒙古族的组成部分一直存在。

篾儿乞人抢走了
铁木真的妻子孛儿帖

许多年以前，一个名叫也客赤列都的篾儿乞人刚刚娶回了新娘月伦，没想到半路被铁木真的父亲也速该抢走了，篾儿乞人把这个仇记在了心里。

许多年过去了，铁木真已长大成人，刚刚把多年未见的妻子孛儿帖娶回家，给这个命途多舛的家庭带来了欢欣和希望。没想到这个时候，篾儿乞人却在暗暗准备袭击铁木真一家，以洗雪当年新娘被抢的耻辱。

有一天，天刚蒙蒙亮，铁木真一家还在甜美的睡梦中，突然，门外响起了响亮的马蹄声。他们被惊醒后，以为泰赤乌部又来攻打他们了，便飞身上马，去寻找躲避的地方。然而，人多马少，最后，铁木真的妻子孛儿帖没有马可骑，铁木真家的老女仆豁阿害臣就连忙把孛儿帖藏在帐车里，外面堆了厚厚的羊毛。

女仆推着帐车拼命地往山中跑，但是真不巧，还没跑几步，她们就被敌人拦住了。敌人问女仆豁阿害臣说："你是什么人？干什么去？"

豁阿害臣沉着而机智地回答说："我是铁木真家里的属民，帮主人家里剪羊毛。今天，我是去运回属于我的那份羊毛。"

士兵们看看豁阿害臣，不禁怀疑起来，于是又问："你这车里装的是什么？"

豁阿害臣回答说："我这车里装的是羊毛啊！"

士兵们没有轻信豁阿害臣的话，他们打开车门检查，结果发现了躲在里面的孛儿帖。

篾儿乞人想："我们不就是为了报当年月伦被抢之仇吗？现在我们抢走铁木真的妻子，不就报了当年之仇了？"

于是，他们带走孛儿帖，交给了当年失去新娘的家庭。

铁木真做了可汗

得知自己的妻子被人抢走后，铁木真非常痛苦，但他势单力薄，还打不赢篾儿乞部落，于是决定向义父王罕寻求帮助。

王罕了解了事情的经过后，爽快地答应帮助铁木真，而且他还邀请札木合一起攻打篾儿乞人。札木合是另一个部落的首领，他的实力也非常强大，年纪和铁木真差不多大，是铁木真的"安答"，也就是结拜兄弟。

王罕和札木合各带两万人马，从各自的领地出发，从两侧包围了篾儿乞人的领地，毫无防备的篾儿乞人被打得溃不成军。

幸运的是，铁木真的妻子孛儿帖并没有受到什么迫害，她一直被关在篾儿乞的一户人家家里。趁着篾儿乞人四处逃窜的时候，孛儿帖逃了出来，她在人群中呼喊着："铁木真——铁木真——"

这个时候，铁木真也在四处寻找孛儿帖，他听到孛儿帖的呼唤后，循着声音找去，很快找到了失散的妻子。圆圆的明月照着大草原，两人重新团聚，不禁热泪盈眶。

因为鲁莽地抢走了铁木真的妻子，篾儿乞人招来了灭顶之灾。从篾儿乞一战开始，铁木真拉开了统一蒙古大业的序幕。

经过篾儿乞一战，铁木真的实力大大增强，不再是过去那个赤手空拳的小子了，而且在铁木真心中，重振家族大业的决心也更坚定了。

自从铁木真的父亲也速该死后，蒙古部落就分崩离析，有的人自己建立了一个部落，有的人投靠了札木合……而现在，铁木真的出现，让人们又看到了蒙古部落的希望，于是，大家重新聚集在铁木真的身边，铁木真已经成了许多蒙古人心目中无可替代的英雄。大家决定召开大会，为蒙古人民推举一个新的可汗。

一开始，铁木真推举自己的叔叔阿勒坛为可汗，他说："阿勒坛阅历丰

富,又勇猛,可以做我们的可汗。"

阿勒坛听了连忙摇摇头,说:"不行,不行,我可担当不了这个大任啊!"

铁木真又推举自己的堂弟忽察儿等人,可是他们谁也不接受,因为他们早已认定了可汗人选。

这时,有人说:"我推举铁木真,他像他的父亲也速该一样勇敢、聪明,他能领导我们蒙古人不受外敌欺负。"

这一提议得到了大家的赞同,大家纷纷呼喊:"铁木真! 铁木真!"

1189年(一说1184年),铁木真被拥戴为蒙古可汗。

在铁木真的领导下,蒙古人从一盘散沙变成了一个团结的集体,蒙古部落蒸蒸日上,快速地发展起来了。

背信弃义的"父亲"，宽宏大量的"儿子"

　　和王罕结为"父子之盟"后，铁木真对王罕这个义父极为忠诚和敬重，每逢有什么战利品，总是先献给义父。可是，随着铁木真的势力越来越强大，而且还成了蒙古部落的可汗，和自己平起平坐，王罕心里就有些不快了，他觉得铁木真已经对自己构成了威胁，于是不再真心诚意地对待铁木真，甚至设法加害于他。

　　铁木真三十七岁那年，王罕召集铁木真和札木合一起攻打乃蛮人。一开始，战斗进行得非常顺利，他们取得了节节胜利。

然而，就在决战前夜，王罕和札木合二人趁着天黑，带着各自的部队偷偷撤退了，把铁木真和他的军队单独留在了前线，这不等于把铁木真往虎口里送、往火坑里推吗？

　　但是，害人终害己。王罕和札木合没有想到的是，虽然铁木真还被蒙在鼓里，可是敌人可克薛发现了他们。可克薛连忙带兵追赶王罕，王罕跑了很远很远，但还是被敌人的部队追上了。孤零零的王罕被打败了，连妻儿老小、马匹等财产都被敌人夺走了。

　　王罕走投无路，只好派人送了封信给铁木真，请求铁木真能派"蒙古四杰"来帮他夺回失去的财产。"蒙古四杰"是铁木真手下四员勇猛的大将。铁木真收到信后，毫不犹豫地派出了"蒙古四杰"前去援救王罕，并救出了王罕的家人。

　　经过这件事情以后，王罕并没有从自己愚蠢的行为中吸取教训。因为他的心已经被恐惧和嫉妒所侵蚀，后来他又做了很多对不起铁木真的事情，但每次都是"搬起石头砸自己的脚"。宽宏大量的铁木真时时不忘"父子之盟"，所

历史微课

蒙古四杰　指的是成吉思汗部下的四位杰出将领，分别是博尔忽、木华黎、博尔术和赤老温。其中，博尔忽是成吉思汗母亲月伦的养子，木华黎原来是成吉思汗的奴隶，博尔术是成吉思汗的同宗远亲，赤老温是泰赤乌部人。四人追随铁木真南征北战，为统一蒙古、建立蒙古汗国做出了卓越贡献。

以一次又一次地原谅了王罕。

为了加强和王罕的"父子之盟",铁木真决定让自己的儿子和王罕的孙女结为夫妻。

然而,王罕的儿子桑昆却是一个阴险毒辣的人,他一直视铁木真为眼中钉,整天在父亲王罕面前说铁木真的坏话,恨不能置铁木真于死地。

桑昆无理地拒绝了铁木真的提亲,还傲慢地说:"你们可配不上我们家!"

过了几天,满肚子坏水的桑昆想出了一个坏主意,他想:何不先答应铁木真的请求,然后趁他上门提亲时毒死他呢? 桑昆对自己的这个阴谋满意极了。一开始王罕有些犹豫,他和铁木真毕竟已经结为"父子之盟",而且铁木真一直对他忠心耿耿。可是,桑昆整天念叨着这件事情,终于把王罕给说动了。他们假装答应铁木真的提亲,还热情地邀请铁木真前来做客。

铁木真丝毫没有想到这是个阴谋,便高兴地带

着聘礼上路了。

因为王罕家比较远，一天到不了，铁木真中途就在族人蒙力克老人家里过夜。蒙力克老人一直像爱护自己的孩子一样爱护着铁木真，当他知道铁木真此行的目的后，就提醒他说："难道你忘了吗？桑昆当初是多么傲慢地拒绝了你的提亲啊！现在，他又变得这么热情，这里面肯定有什么阴谋，我看你最好还是先不要去。"

铁木真听了蒙力克老人的话后，觉得很有道理，就中途打道回府了，然后派人给王罕送了一封信，信中说：现在还是初春，不是提亲的好时候，等到秋天，我们家的马养肥了之后，我再来上门提亲！

王罕和桑昆知道阴谋败露了，非常气恼。

历史微课

乃蛮 又称奈曼、乃满、耐满等，辽、金时游牧于杭爱山至阿尔泰山之间的广大地带，文化较高。乃蛮境内最初有别帖乞、乃蛮两个部落，别帖乞开始比较强大，后被乃蛮吞并，乃蛮因此实力壮大，成为蒙古高原西部的一支强大部落，经常与克烈、蒙古发生战争。太阳汗时期，乃蛮被成吉思汗打败，部分并入蒙古。

破碎的"父子之盟"

谋杀铁木真的阴谋暴露后，桑昆气急败坏，就在父亲王罕面前编造各种关于铁木真的坏话。王罕经不住桑昆的挑拨，就决定出兵攻打铁木真，当时蒙古草原上已经只剩下克烈、蒙古和乃蛮三个部落了。

虽然王罕他们总是与铁木真为敌，可是草原上的百姓却都拥护铁木真。正当父子俩在商量如何对付铁木真时，他们的阴谋被两个送牛奶的牧民听到了，牧民连忙跑去告诉铁木真。

当时，铁木真的实力还比不上王罕，更重要的是，他始终没有忘记他和王罕的"父子之盟"，不愿和自己的义父兵戎相见，于是他连夜率领家人、部队往后撤退。

然而，王罕还是不依不饶，紧追不舍。

终于,双方在合阑真沙陀大战一场,结果铁木真部众伤亡惨重,退到了遥远的班朱尼河边。撤退的途中,又有很多部众失散了,最后,铁木真只剩下四千六百名骑士。

这个时候,铁木真彻底看清王罕的真面目,明白了他的真正目的是置自己于死地,他们之间的"父子之盟"彻底破裂。

在班朱尼河边,铁木真和战友的生活非常艰苦,有时实在找不到食物了,就只好杀死自己的战马充饥。尽管如此,他们也没有向困难屈服,没有绝望,一直在等待机会东山再起。铁木真的战友并没有因艰苦的生活而离开他、背叛他,因此铁木真发誓说:"当我成就大业时,一定要与各位分享!"

终于,铁木真的机会来了。有一天,他的手下带来了一个好消息:王罕一家搭起撒金褐子帐饮酒狂欢,如果这时候去攻击,必定能成功。

铁木真得到这个消息后，毫不迟疑地带领部下前去袭击王罕。果然，王罕父子毫无防备，被杀了个措手不及。乱战之中，王罕父子趁着夜色逃走了。他们逃到半路时，实在口渴难耐，就下马去找水喝，结果王罕被一个其他部落的士兵抓获。王罕连忙说："我是王罕啊！"可是，那个士兵不认识王罕，也根本不相信这个模样狼狈的人是什么可汗，一刀把他砍死了。

克烈部的可汗、铁木真的义父就这样死了，他的儿子桑昆没多久也被铁木真的手下抓获。

王罕被消灭后，铁木真成了名副其实的"蒙古可汗"。此时的他已经拥有了蒙古草原上三分之二的领地，统一蒙古草原指日可待。

5

昨天的"安答"，今天的敌人

　　铁木真和札木合从小在蒙古大草原上一起长大、一起玩耍，为了证明两个人之间的友谊，他们曾经三次结为"安答"，也就是结拜兄弟。长大后，札木合成了蒙古草原上一个部落——札答阑部落的首领。在铁木真最困难的时候，札木合向他伸出了援助之手。

　　在义父王罕和安答札木合的帮助下，铁木真也成为一位声名赫赫的部落首领，而且势力一天比一天强大。看着铁木真渐渐超越了自己，札木合的心里不禁又是嫉妒、又是害怕，他嫉妒铁木真的才能，更害怕有一天铁木真会将自己也消灭掉。

　　于是，札木合从一个无私的好安答，变成了一个心狠手辣的敌人，他一次又一次地率兵攻打铁木真，想置铁木真于死地。铁木真能战胜札木合吗？

三次结为"安答"

铁木真来自蒙古草原上的乞颜部，札木合来自札答阑部，他们有着共同的祖先——孛端察儿。孛端察儿曾经说过："身必有首，衣必有领。"这句话一直激励着他的子孙后代勇敢地去战斗，去担当一个首领。

铁木真和札木合年纪差不多，从小就在一起玩耍。铁木真十一岁的时候，札木合送给他一个鹿的踝骨；作为回赠，铁木真送给札木合一个灌了铜的踝骨。那时，正好是冬天，斡难河上结了厚厚的一层冰，他俩就在冰上玩起了踢踝骨的游戏。他们玩

得满头大汗,高兴之余,决定结为"安答",也就是结拜兄弟。这是他们第一次结为安答。

到了第二年的春天,他们的友情更深了,两人决定第二次结为安答。结安答就要赠送信物,这次他们的信物是箭器,也就是射箭用的工具。

渐渐地,铁木真和札木合失去了联系。一转眼,许多年过去了,他俩都长成了勇敢的小伙子,札木合成了札答阑部落的首领。有一次,铁木真的新婚妻子孛儿帖被别的部落抢走了,当时他还没有什么势力,幸亏有了札木合和王罕的帮助,铁木真才

打败了敌人,找回了自己的妻子孛儿帖。

两个好朋友久别重逢,别提有多么开心了。为了感谢札木合的无私帮助,铁木真把战利品——一条珍贵的金腰带和一匹名贵的海骝马送给了札木合,而札木合也送给铁木真一条金腰带和一匹小白马。于是,他们第三次结为了安答。

这就是铁木真和札木合三次结为安答的过程。

札木合的"逐客令"

铁木真和札木合这对好安答久别重逢的时候，铁木真还没能建立起自己的部落，而札木合这时候已经是札答阑部的首领了。他们都是孛端察儿的后代，再加上小时候的情谊，让他们坚定了共同统一草原的梦想。他们像亲兄弟似的朝夕相处，结伴打猎、喝酒、共商大事……

有了札木合等人的帮助，铁木真心中重新燃起了振兴家族大业的希望。日子久了，札木合越来越感觉到自己的才能比不上铁木真，心里不禁有些嫉妒。俗话说"一山不容二虎"，札木合害怕铁木真有一天会超过自己，就对他有了戒心。

草原上的人们以放牧为生，哪里水草茂密就往哪里走，搭个蒙古包就可以住下来，所以被称为游牧民族。铁木真和札木合这两个好安答一起亲密无间地生活了一年半后，决定将自己的部落迁徙到其他地方去。经过反复商量，他们终于定下了一个好日子，决定在初夏第一个月的第十六天进行迁徙。

　　那天早上,铁木真和札木合并肩走在队伍的最前面,很快就把队伍中的其他人甩到了后头。这时,札木合见四下无人,就说:"铁木真!我的好安答!靠一座山坡扎营吧,好让牧马人有帐篷!找个河岸扎营吧,好让牧羊人充其腹!"

　　铁木真一下子不能理解札木合的话,可是他能感觉到,札木合的话里一定有什么隐含的意思,于是他去问母亲和妻子。

　　铁木真的妻子孛儿帖聪明伶俐,一下子就听出了札木合话中的含意,就说:"难道你还听不明白他的意思吗?他不希望我们再依靠他了,想让我们自己去找个地方安营扎寨。这是给我们下'逐客令'呢!我们不要再打扰他了。"

　　铁木真和月伦都觉得孛儿帖说得很对。于是,他们简单地收拾了行李,和札木合告别后,就往相反的方向走了。

　　札木合的很多手下听说铁木真要走,都很舍不得。因为在这一年半的相处中,他们发现铁木真是一个杰出而又仁慈的领袖,而札木合的脾气太暴躁,于是,这些人连夜赶来投奔铁木真。这样,铁木真离开札木合后,也建立起了自己的队伍。

十三翼之战

札木合向铁木真下了"逐客令"后,铁木真就遵从他的意愿,离开了这位他很感谢的安答。铁木真一走,札木合的很多手下也跟着铁木真走了。1189年,在蒙古人的拥护下,铁木真被拥戴为蒙古可汗。

蒙古人有了新可汗——铁木真后,就立即向蒙古大草原上的其他部落传达了喜讯。可是,铁木真的安答札木合心里却怎么也高兴不起来。

札木合本来就嫉妒铁木真的才能,自从自己的手下纷纷跟随铁木真而去后,他就更加气恼了。他想:"现在铁木真当上了可汗,难保以后不胜过我,我何不趁早把他除掉,免得日后成为祸患呢?"

碰巧那时候,札木合的弟弟前去抢劫铁木真族人的马,结果被打死了,于是札木合扬言要为亲弟弟报仇,其实他是想借这个机会消灭铁木真。他纠集了蒙古草原上的十三个部落,共三万名士兵,一起来攻打铁木真。这三万人都骑着战马,挥舞着手中的武器,来势汹汹。

刚刚当上蒙古可汗的铁木真，做梦也没有想到，自己的安答会率兵攻打自己。当时的情形非常危急，可是铁木真临危不乱，立即将手下的兵马分成十三支，就像十三只翅膀，也就是十三翼。

铁木真带领着十三翼士兵，像飞鸟一样奔向札木合的十三部联军，他们在一个叫达阑巴勒的地方大战了一场。虽然铁木真的士兵都非常勇敢，可毕竟他们是仓促应战，所以还是败给了札木合的军队，铁木真被迫率领士兵退到了一个大峡谷里。

这是铁木真担任可汗后第一次指挥队伍战斗，他失败了，可是"虽败犹荣"，因为又有很多札木合的手下被铁木真深深折服，前来投靠他。铁木真的实力非但没有减弱，反而大大加强。而札木合呢，他打了胜仗后，将俘虏残忍地处死，如此残暴的行为，使得他大失民心，大家都对他感到非常憎恨和失望。

打了败仗，还能增强实力，这不正好说明铁木真是一个出色、宽容的好领袖吗？

与铁木真为敌的"札木合联盟"

　　在十三翼之战中,札木合虽然打败了铁木真,可是他什么好处也没有捞到,反而失去了人们的信任以及数不清的士兵。札木合又气又恼,对铁木真更是恨之入骨,决定再次攻打铁木真。

　　札木合把蒙古草原上几乎所有剩余的部落都组织了起来,其中包括杀害了铁木真父亲的塔塔儿部落,曾经抢走了铁木真妻子的篾儿乞部落。因为铁木真被推选为蒙古人的可汗,所以札木合把这些部落纠合在一起后,也自立为可汗,称为"古儿汗"。

　　札木合把铁木真形容为凶神恶煞,他唆使几乎所有的联盟成员共同来对付铁木真。这些部落的人们都信以为真,他们策划好了攻打铁木真的计谋,并且发誓说:"要是谁泄露了秘密,就会被

腰斩，没有好下场！"

　　然而，在札木合的联盟中，却有人早就听说了铁木真的英名，他知道札木合的阴谋后，便偷偷跑去告诉铁木真。铁木真赶紧联合义父王罕共同迎敌。可以说，这场战斗几乎出动了蒙古草原上的所有勇士。

　　胜利女神站在了正义的一方，铁木真的军队把札木合联军打得溃不成军。经过这场战斗后，又有许多人投入到铁木真的阵营中来，铁木真在蒙古草原上的威望也越来越高。相反，很少有人愿意听命于札木合了。这也正说明了"得民心者得天下"的道理。

天上只有一个太阳，地上不能有两个可汗

两次攻打铁木真都以失败告终，札木合想消灭铁木真的愿望落空了，蒙古草原上形成了蒙古、克烈和乃蛮三足鼎立的局面。

经过两次战争后，铁木真和札木合这对曾经的好安答早已成了仇人。对铁木真恨之入骨的札木合，动起了歪脑筋。他先在铁木真和王罕之间挑拨离间。凭着三寸不烂之舌，札木合的阴谋得逞了。然而，他做梦也没有想到，铁木真凭借着顽强的毅力、出色的军事才能和蒙古百姓的支持，居然反败为胜，消灭了王罕。

这样一来，蒙古草原上就只剩下蒙古和乃蛮这两个强大的部落了，于是札木合就投靠了乃蛮部落首领太阳汗。

乃蛮人跟蒙古人向来没什么来往，所以对蒙古人的实力也毫不了解。1204年，乃蛮部首领太阳汗听说蒙古人的马很瘦弱，就草率地决定发兵攻打铁

木真，还大言不惭地说："天上只有一个太阳，地上怎么能有两个可汗呢？"

铁木真的马的确不是很肥壮，可是太阳汗从小娇生惯养，没怎么打过仗，而且他刚愎自用，又很懦弱，所以铁木真并不怕他。晚上，铁木真命令每个士兵点起五堆篝火，顿时，漫山遍野看上去都是密密麻麻的篝火，犹如天上的繁星。太阳汗看到后，还以为铁木真的部队真有那么多人，害怕极了，迟迟不敢进攻。

看到太阳汗畏缩不前，他的部下很生气，纷纷要求他尽快下令开战。太阳汗碍于面子，只好硬着头皮作战。

而铁木真这边，虽然士兵人数并不多，可是他一点也不害怕，还鼓励部

下说："人多者损失多，人少者损失少！"

铁木真派出英勇的"蒙古四杰"前去应战。太阳汗看到他们这么勇猛，心里就更怕了，连忙命令部队后退。

蒙古人看到乃蛮人后退，就更加勇猛了，纷纷往前冲。太阳汗只好继续命令自己的部下后退。

过了一会儿，铁木真亲自带着部队冲了过来。太阳汗见状，吓得魂不附体，逃都来不及。

太阳汗一步步撤退，铁木真就一步步逼近，最后乃蛮人完全被蒙古人包围了，铁木真大获全胜。

这样，蒙古草原上的最后一个劲敌也被铁木真消灭了，大草原上只剩下了一个可汗。这一年是1205年。

札木合战败后逃走了，后来被他的手下捆绑着送到了铁木真面前。

落得这样的下场，札木合心中感慨万千。他对铁木真说："请求安答降恩，赐我速死吧！"

铁木真沉思之后，回答说："我曾经多次想和你重归于好，但都被你无情地拒绝了。念你曾经是我的安答，并且帮助过我，我现在答应你的请求，我会让你'不流血而死'的，也会将你厚葬。"

在蒙古，"不流血而死"是处死勇士的方法，这也显示了铁木真始终不愿忘记曾经的安答之情。札木合死后，铁木真为他举行了隆重的葬礼。

6 "一代天骄"
成吉思汗

　　经过二十多年的征战,铁木真消灭了塔塔儿部、克烈部、乃蛮部等蒙古草原上几个主要的部落后,其余的部落也纷纷前来归顺铁木真。1205 年,铁木真统一了蒙古草原。第二年(1206)春天,铁木真被推举为"成吉思汗",正式建立蒙古汗国。蒙古人非常崇拜成吉思汗,把他视作最高神明长生天的代表。

　　实现大一统的蒙古比任何时候都强大,它以最快的速度实现了从奴隶社会到封建社会的转型,这也为日后蒙古西征和统一中国打下了良好的基础。在连年的征战中,成吉思汗显示出了举世无双的军事才能。

消灭世仇塔塔儿人

铁木真曾祖父的曾祖父名叫海都,建立了第一个蒙古人的国家,可惜在金国和塔塔儿人的联合攻击下,蒙古人的第一个国家解体了。

塔塔儿人毒死了铁木真的父亲,害得铁木真国破家亡,所以铁木真和塔塔儿人有着不共戴天之仇。

塔塔儿人能打败蒙古人,靠的是金国的支持;可是,随着塔塔儿部的不断强大,金国的皇帝又感到不高兴了,他决定"故技重演",联合蒙古人来攻打塔塔儿人。铁木真经过慎重考虑后,决定"以其人之道,还

治其人之身"，与金国合作，消灭塔塔儿人。

铁木真率领着由蒙古人和金国人组成的联军，前去攻打塔塔儿人。铁木真一马当先，锐不可当，他挥舞着马刀，想起了死去的父亲，更是在战斗中拼尽了全力。在铁木真的攻击下，塔塔儿人溃不成军。

经过这一战后，塔塔儿人四处逃散，不再是当初那个强大的塔塔儿部了。然而，铁木真并没有就此放弃，他锲而不舍地四处追击这些敌人。

1202年，铁木真终于消灭了全部塔塔儿人，为死去的祖先报了血海深仇，而塔塔儿这个曾经强大的民族，从此在历史上消失了。

铁木真建立蒙古汗国

　　1189年,铁木真被拥立为蒙古可汗,从那以后,他相继打败了蒙古草原上的塔塔儿部、篾儿乞部、泰赤乌部、克烈部、乃蛮部,统一了蒙古,而铁木真也成了草原上所向无敌、最有威望的领袖。

　　汉族人有十二生肖,蒙古人也有自己的十二兽名纪年法,每一年都用一种动物来命名,十二年轮一次。1206年是蒙古的虎年,是一个英雄的年份,这年春天,铁木真召集了蒙古草原上的所有贵族、将领们,在蒙古人的诞生地——斡难河的源头召开了一次重要的"忽里勒台",也就是盛大的聚会。

　　会场上,九斿(liú)白纛(dào)迎风招展,上面有金黄的穗子和九条舞动的飘带。九斿白纛又叫九脚白旗,是蒙古汗国的国旗。它在蒙古人的心中有着神圣的地位,几百年来都有专门的人守护着它,并为它举行祭祀仪式,祈求它的保佑。可惜到了20世纪60年代的时候,这面神秘的九斿白纛失踪了。由于见过这面旗帜的人大多已不在人世,所以这面蒙古汗国国旗的下落也就成了一个谜。

　　这次忽里勒台有着无比重要的意义,因为铁木真成立了"也客·忙豁勒·兀鲁思",也就是蒙古汗国

（大蒙古国）。草原上的人们给予铁木真最尊贵的称号"成吉思汗"。"汗"是可汗的意思，而"成吉思汗"则显示了蒙古百姓对他的无上崇敬。

在这个盛大的忽里勒台上，成吉思汗封了三个"万户长"、九十五个"千户长"，让千户长每人管理一千户到三千户家庭。这些千户长都是在战斗中勇敢作战、立下功劳的人。千户下面还有百户，百户下面再设十户，并且分别有"百户长""十户长"，这就是蒙古汗国的"千户制"。

实行了千户制后，成吉思汗又赏赐了那些善良的、曾经帮助过他的人以及在战斗中有重大功劳的人。

这真是一个喜庆而盛大的场面，一个辉煌的、盛极一时的帝国就此掀开了崭新的篇章。

历史微课

千户制 蒙古汗国军政合一的制度。成吉思汗即位后，将全蒙古部众划分为九十五个千户，册封给亲贵和有功之臣，千户长是世袭之职。每个千户既是军事单位，又是基层社会组织。千户长要对大汗交纳贡赋，战时则带兵出征作战。

"成吉思汗"的含义

铁木真建立了蒙古汗国,获得了"成吉思汗"的称号,这表达了蒙古人民对他的尊敬,也表达了蒙古人民对他的无上崇拜和爱戴。

那么,"成吉思汗"究竟是什么意思呢?这个问题已经没有确切的答案了。有人说"成吉思"是大海的意思,"成吉思汗"就是拥有大海的可汗,说明他非常强大;也有人说"成吉思汗"的意思是"长生天派来的可汗";还有人说是"坚不可摧的皇帝""宇宙皇帝"……

传说铁木真被推选为可汗后,他的手下为了表达对他的爱戴,用奇珍异宝建造了一座蒙古包式的宫殿。

　　有一天，一只无比奇异、美丽的小鸟飞到了宫殿里，并在宫殿东南角的一块巨石上停了下来。谁也没见过如此美丽的小鸟，人们都相信它是长生天派来的使者，将给蒙古带来好运，是吉祥的鸟。

　　这只鸟一连三天都飞来停在宫殿的巨石上，并且发出清脆而动听的叫声。它的叫声好像是"成吉思、成吉思"。于是，人们就称呼他们的新可汗为"成吉思汗"，因为人们相信这是上天的旨意，有着吉祥的含义。

圣旨"大札撒"

我们都知道皇帝的命令叫圣旨,而成吉思汗颁发的命令,不管是法令,还是军令,都被称为"札撒"。

1202年,在攻打世仇塔塔儿人时,铁木真颁布了蒙古的第一个札撒。在这个札撒里,铁木真严肃地说:

"在战斗时,不准贪图、抢夺财物,因为战胜敌人后,他们的财物都将归我们所有,我们有的是时间来处理这些财物。

"如果在战斗中需要我们后退,那么所有的士兵都必须听从命令后退,不后退的一律处死;第一次被击退后,不拼尽全力发起冲锋的人,一律处死。"

过去,蒙古人都习惯于一边战斗、一边抢夺对方的财物,所以铁木真的这个札撒是非常了不起的。札撒颁布后,士兵们都奋勇战斗,作战能力大大提高,一下子就把塔塔儿人击败了。

过去,蒙古人治理国家的方法还很原始,成吉思汗建立蒙古汗国后,立即颁布了"大札撒",大札撒就是大法典的意思,里面收录了成吉思汗颁布的所有命令。

在"大札撒"里，成吉思汗对很多问题都进行了"立法"，譬如，它规定：国家的最高权力集中在可汗一个人身上，如果可汗去世了，则要举行忽里勒台推选新的可汗，但是新的可汗必须是成吉思汗的后代；杀人、盗窃的人都要判以死刑。

为了更好地执行这些命令，成吉思汗任命他的义弟失吉忽秃忽为总断事官，也就是大法官。

失吉忽秃忽聪明机智，是一个行事公正、办事周密的大法官，他在审判时总是说："不要因为恐惧而认罪。"这成了他的名言。传说蒙古人的传世名著《蒙古秘史》就是他写的。

历史微课

《蒙古秘史》也称《元朝秘史》，它比较翔实地记录了成吉思汗先祖的谱系、传说、事迹以及成吉思汗和窝阔台汗(元太宗)的事迹，是蒙古族早期文字作品，成书于13世纪。《蒙古秘史》是蒙古民族现存最早的历史文学长卷，因为它事涉民族的隐秘，所以在蒙古族入主中原的元代秘而不传，被称为秘史。

成吉思汗率领下的蒙古铁骑

在成吉思汗所有的才能中,最突出的就是军事才能,不打仗的成吉思汗就不是真正的成吉思汗。和其他草原部落乱打一气的做法不同,成吉思汗有一套严格的方法来管理自己的军队。

1189年,铁木真刚被推举为蒙古可汗时,就开始着手训练自己的军队,因为他知道:军队是国家强大的保证。他任命自己的亲信担任"那可儿",这个职务相当于大将,每个那可儿掌管一支军队,而那可儿则由铁木真亲自管理。

铁木真的军队可不是过去的散兵,它是一支训练有素、军纪严明的精兵。而且,铁木真还在军中设立"后勤人员",为前方军队提供支持。他设立了带弓箭、带刀、修理战车、掌驭马等十种职务,每个士兵都各司其职。

因为铁木真只任命有才能的人,而不管他们是出身于贵族家庭还是平民家庭,所以士兵们对铁木真非常忠诚。铁木真的皮箭筒一动,他们就会以最快的速度集合起来;铁木真的柳木弓弦一响,他们就会向着铁木真所指的方向进发,即使上刀山、下火海,也在所不辞。后来,铁木真正是率领着这支军队,称雄蒙古草原的。

　　1206年,蒙古汗国建立后,成吉思汗对军队更加重视,他规定,凡十五岁至七十岁的男子都要服兵役,因为这样才能保证士兵的人数。这一年,成吉思汗四十四岁,正值壮年,从这支军队上就可以看出,他还有更大的野心——金国、西夏国……还有很多的土地要去征服!

重用人才和爱交朋友的成吉思汗

成吉思汗是一个爱憎分明的人，对于自己的仇敌，他决不手软；对于帮助过自己的人，他则会牢记在心，加倍地报答。

对于选拔人才，成吉思汗也有自己的原则。那些忠心的人，即使他来自敌人的队伍、伤害过自己，成吉思汗也会不计前嫌地重用他；而那些出卖主人的人，即使他主动来投靠，成吉思汗也会毫不留情地斥之为叛徒，严厉地惩罚他。

因此，在成吉思汗的帐下，聚集了一批当时的一流人物，如德才兼备的一代名相耶律楚材、诚实勇敢的神箭手哲别、忠诚而睿智的掌印官塔塔统阿等人，全真教掌教丘处机也不远万里，西行至大雪山，进献治国之策。

治理天下的能工巧匠
——耶律楚材

　　耶律楚材是我国历史上著名的丞相,他以儒家思想兢兢业业治国,以佛教思想宽容待人,不但把国家建设得很好,还以一人之力,使成千上万的百姓免于被屠杀的命运。

　　耶律楚材是北方契丹族人,契丹人曾经建立了强大的辽国,而耶律楚材就是辽太祖耶律阿保机的九世孙。不过,耶律楚材出生的时候,辽国已经被金国灭亡几十年了,就连金国也已经濒临灭亡。耶律楚材的父亲是一个目光长远的人,他根据《左传》里所说的"虽楚有材,晋实用之",为儿子取名"楚材",希望耶律楚材能长大成才,即使金国灭亡了,也能在别的国家做一番事业。果然,耶律楚材这个金国的人才最后成了蒙古的一代名相。

　　受到家庭环境的熏陶,耶律楚材从小博览群书,上知天文,下知地理,而且熟

读儒家经典,崇尚汉人的先进文化,他觉得只有用儒家的思想才能治理好国家。当时,各地的"民族主义"现象很严重,各个民族都认为自己的民族是最好的,相互之间彼此仇视,整日打个不停。耶律楚材丝毫没有狭隘的民族主义情绪,他觉得民族之间应该团结起来,共享太平,不管什么民族的人,都有权利过上幸福的生活。

尽管耶律楚材年纪轻轻,但他博学多才的名声早已传开了。他二十五岁时,成吉思汗率军打到了他的家乡中都(今北京)。成吉思汗倾慕耶律楚材的才华很久了,攻下中都后,便把他召到了身边。当时社会动荡不安,百姓生活困苦不堪,耶律楚材决心抓住机会,为国计民生出一番力。

耶律楚材通晓儒家文化,而当时,蒙古还是一个典型的"马背上的国家",崇尚武力,轻视文化,不注重经济发展,统治也比较残暴,动不动就对其他民族展开大屠杀。耶律楚材感到这样做对国家的强盛不利,就提出"马上可以得天下,马上不能治天下"的思想,逐步把汉族的先进文化引入到蒙古。

"修身、齐家、治国、平天下",耶律楚材可以说条条都做到了。

耶律楚材辅佐成吉思汗和窝阔台治理国家将近三十年,为国家奉献了毕生的精力,对蒙古的发展有着举足轻重的意义,是名垂青史的一代名相。

廉洁正直的耶律楚材

耶律楚材是一个廉洁、正直的清官，要是没有他，当时不知道要多死几万人呢。

西夏被蒙古打败后，西夏国的奇珍异宝自然也就没人看管了，蒙古的将领们纷纷进城抢夺金银财宝，唯恐被别人抢光了。耶律楚材却对这些钱财毫无所动，他仔细搜集各种文献资料。这些书卷在别人看来都是没人要的破烂，可是他却视若珍宝。

他还命人把西夏国的药材全都收集起来，别人很奇怪，问："你把这些东西收起来干吗？难道你要去做药材生意吗？"

耶律楚材含笑不答，他心里自有打算。

没过多久，蒙古军队中爆发了瘟疫，一下子就蔓延开来，夺走了很多人的生命。这时候，耶律楚材把收集的药材拿出来，救了许多人的命。

蒙古贵族势力很强大，成吉思汗给予他们的权力也很大，有些贵族目无法纪，非常嚣张，可是耶律楚材不畏强暴，不徇私枉法。

　　当时，有一些贵族子弟一到晚上，就出来打家劫舍，随意杀人，别的官员都是敢怒不敢言，百姓们更是人心惶惶。耶律楚材知道后，将这十几个人全部问斩。从那以后，为非作歹的事就少多了。

　　耶律楚材刚正不阿，罪了不少王公大臣，于是，有些人想方设法陷害他。可是，耶律楚材一生正直、清廉，他们根本抓不到什么把柄。

　　耶律楚材辅佐成吉思汗、窝阔台近三十年，受到了这两位蒙古可汗的重用。窝阔台死后，耶律楚材受到其他官员的排挤，最后悲愤成疾，没多久就去世了。他去世之后，有的人还不肯放过他，故意诬陷说："耶律楚材平常贪污了不少钱呢。"

　　他们将耶律楚材家搜了个遍，可是什么金银财宝也没有搜到，只有一些耶律楚材生前钟爱的琴棋书画等。这时，那些官员才无话可说了。

诚实的哲别

铁木真小的时候，曾经被泰赤乌部落的人抓去，差点丢了性命。幸好得到泰赤乌部落的锁儿罕失剌的帮助，铁木真才得以顺利逃脱。

有一回，铁木真的军队和泰赤乌部落大战了一场。战斗结束后，锁儿罕失剌带着同一部落的只儿豁阿歹来看铁木真。

在战斗中，只儿豁阿歹曾经把箭射向铁木真。因此，铁木真故意问他说："在阔亦田打仗时，有个人在山上朝我放箭，射伤了我的坐骑白黄马，你知道是谁吗？"铁木真猜测，他一定会吓得不敢说实话。

没想到，只儿豁阿歹毫不犹豫地回答说："我就是那个射箭的人！"

铁木真点点头，赞许地说："在这种时候，一般人都会隐瞒自己的过错，不说实话，可是你没有那么做。你作为泰赤乌人，勇敢地参加战斗，这并没有错。因此，我赐予你'哲别'的名字，意思是'箭'，希望你以后也能像利箭一样保护我！"

从此，诚实的哲别就成了铁木真手下最著名的大将之一，每次战斗他都是一马当先，可以说，成吉思汗的伟大成就中少不了哲别的功劳。

历史微课

哲别(？—1224) 在小说《射雕英雄传》中，哲别只是一个小配角，但是历史上，他却是成吉思汗手下的神箭手，更是大名鼎鼎的蒙古名将。哲别骁勇善战，随成吉思汗南下攻金，打下居庸关，直抵中都(今北京)；率二万人灭西辽，执斩西辽汗屈出律；随成吉思汗西征花剌子模，又在迦勒迦河之战中击溃斡罗思与钦察联军，后于班师回国途中病逝。

为什么受伤的总是我？

忠诚的掌印官塔塔统阿

　　每次战斗结束后,成吉思汗都会处死一些手下败将。可是,对于那些有着优秀品质的人,成吉思汗则会不拘一格地任用他们,特别是那些对主人忠诚的人,往往能受到成吉思汗的重用。掌印官塔塔统阿就是其中一个。

　　塔塔统阿原来是乃蛮人的掌印官,乃蛮部被成吉思汗的部队打败后,塔塔统阿成了蒙古人的俘虏。趁看守不注意的时候,塔塔统阿偷偷逃跑了,不过,没跑多远,他就被抓了回来。当时负责看管俘虏的是成吉思汗的弟弟合撒儿,他命人搜查了塔塔统阿的全身,结果搜出了一枚乃蛮部的印章。

　　合撒儿问他:"你们部落已经被我们消灭了,你们的人也都被我们抓获了,你就算带着这印章逃跑了,又有什么用处呢?"

　　塔塔统阿回答说:"既然我的主人把这印章交给我,我的职责就是保护好它,现在我被抓了,我就要把它送还给我的主人。"

　　那个时候,蒙古人还从来没用过印章这种东西,所以合撒儿感到很好奇,就问他:"这印章有什么用处呢?"

　　塔塔统阿回答道:"当我们任命官员、发布命令的时候，就得用到这枚印章。所以，我必须把它保管好。"

合撒儿听了之后，很是敬重这个小小的掌印官，就把这件事情报告给成吉思汗。成吉思汗听了之后，对塔塔统阿非常赞赏，就任命他为蒙古国的掌印官，但凡国家要发布什么命令、公文，都交由塔塔统阿盖章。而合撒儿也拜塔塔统阿为师，向他学习撰写各种公文。

塔塔统阿造字

过去，蒙古人没有文字，要记什么事情，就在树上刻个简单的记号。如果可汗有什么命令，就得选派一个记忆力特别强的人，把这道命令默记在心里，然后再骑快马将命令传达下去或告诉对方。如果要调动兵马，就用结草或者刻木的方法来记事情，所谓"结草"就是把草打结或者摆出不同的形状，"刻木"就是在木头上刻一些有规律的记号。

很显然，这些方法都不是很方便，弄不好还会贻误军情。

蒙古人每天都过着简单的生活，有什么事情，大家一传十、十传百，就传开了。可是，随着蒙古的统一和发展，社会活动越来越多，没有文字自然就造成了很大的不便。

1204年，成吉思汗在与乃蛮部的战斗中，抓到了乃蛮部的掌印官塔塔统阿。塔塔统阿是畏兀儿人，他多才多艺，成吉思汗命令他为蒙古话造字。塔塔统阿就用畏兀儿字母来拼写蒙古语，将蒙古话用发音相同的畏兀儿文字写下来。这些文字流传至今，成了蒙古人一直使用的文字，也就是蒙古文。

以后记事
再也不用
打结了。

丘处机"一言止杀"

金庸的武侠小说《射雕英雄传》中,描述了一位武功高强、心系天下苍生的道士——丘处机。其实,这并非小说里虚构的人物,而是确有其人,他就是元代著名道士、全真教掌教——长春子丘处机。

当时,丘处机在社会上的名望非常高,他医术高明,悬壶济世,救了很多人。金朝、南宋、蒙古的达官贵人都想和他结交,向他讨要长生不老药,但都被他拒绝了。

1219年,成吉思汗邀请丘处机到蒙古做客,丘处机爽快地答应了。当时,成吉思汗的势力越来越强大,但丘处机并不是前去寻求什么荣华富贵的,而是另有目的。

丘处机到了蒙古后,成吉思汗问他:"请问怎样才能长生不老呢？"

丘处机回答说："我的长生不老药就是敬国爱民，仁慈地对待百姓。一个人如果大开杀戒，是不可能长寿的。"

成吉思汗听后，考虑再三，决定停止杀戮。

那时，丘处机已经七十多岁了，但是他仍然为了百姓安危四处奔走。1224年，他获得了成吉思汗的旨意，使三万名汉人和金人奴隶获释。当时汉人的地位非常低，处于水深火热之中，为了让更多人免于徭役、酷刑，丘处机又请求成吉思汗下旨：加入全真教的人可免去徭役。成吉思汗同意了。于是，汉人纷纷加入全真教，丘处机因此又解救了无数百姓。

想长生不老吗？

历史微课

全真教 也称全真道，元以后与正一道同为道教两大教派，开宗祖师是金代道士王重阳。王重阳招收马钰、谭处端、刘处玄、丘处机、王处一、郝大通、孙不二等七大弟子，世称"全真教北七真"，后丘处机因为远赴西域劝说成吉思汗止杀爱民而闻名，全真教进入鼎盛时期。

8

成吉思汗
向外扩张势力

　　1205年,铁木真消灭了蒙古草原上的其他部落,统一了蒙古。但是,成吉思汗并不满足于现状。于是,他开始凭借武力向外扩张。

　　当时,中国大地上有四个强国,它们分别是:南宋、金国、西夏和蒙古。在前面三个国家里,又以南宋最强,金国次之,西夏最弱,雄心壮志的成吉思汗要让这三个国家臣服于自己。

　　由于南宋距离蒙古最远,实力又最强,要征服它不能一蹴而就,于是成吉思汗的弓箭首先瞄准了蒙古以南的西夏和金国。在攻打西夏时,六十五岁的成吉思汗溘然长逝,他的子孙能够实现他的遗愿吗?

"上帝之鞭"在战场坠落

　　成吉思汗带着浩浩荡荡的军队前去攻打西夏，路过鄂尔多斯时，他被这里美丽的景色惊呆了：草地一望无际，老鹰在天空中翱翔，梅花鹿在大地上无忧无虑地奔跑着。他不禁感叹说："要是我死后能安葬在这里，我就心满意足了！"

也许是看得入了迷,突然,成吉思汗的马鞭掉到了地上。这条马鞭几十年来几乎从未离开过成吉思汗,陪伴着他攻城略地。只要成吉思汗挥挥马鞭,他的坐骑赤兔斑马就会跑向更广阔的土地。而这时,这条被挥舞了几十年的"上帝之鞭",似乎也想在这美丽的景色中休息片刻了。

看着鄂尔多斯丰盛的水草、奔跑的猎物,成吉思汗突然想起,自己已经很久没有打猎了,这可是他最大的爱好。然而,这次打猎好像很不顺利。当时,一群野马突然朝成吉思汗跑过来,他的坐骑赤兔斑马受到了惊吓,一下子就把它的主人摔到了地上。成吉思汗摔得不轻,晚上就发起了高烧,第二天醒来仍然没有好转。但是,勇敢的成吉思汗不愿这征讨西夏的计划半途而废,就没有撤退。

战事进展得很顺利,可是成吉思汗的病情却越来越严重,高烧怎么也退不了。当时,天气异常炎热,成吉思汗就来到附近的六盘山上纳凉养病,然

而，他的病情并没有因此而好转。1227年，"一代天骄"成吉思汗在六盘山溘然长逝，享年六十五岁。临终前，他定下了三件事情：他死后，将可汗的权位传给窝阔台；消灭西夏和金国。

按照成吉思汗的遗愿，他被埋葬在美丽的鄂尔多斯草原上，五百位怯薛（宫廷侍卫）士兵留下来守护他的陵墓，被称为"达尔扈特人"，他们的子孙世代守护着成吉思汗的陵墓，直到今天都没有改变。但是，在鄂尔多斯的陵墓里，只有成吉思汗的衣冠，成吉思汗到底葬在哪里，到今天还是一个谜。

历史微课

怯薛 怯薛是成吉思汗亲自组建的宫廷侍卫队伍，是蒙古汗国和元朝的禁卫军，主要由贵族、大将等功勋子弟构成。怯薛分为宿卫、侍卫、环卫三队，各有队长统率，总隶于怯薛长。怯薛纪律严明，战斗力强，有力地维护了蒙古的统治。

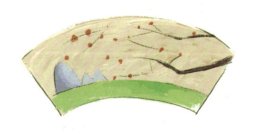

秘而不宣的死讯

西夏国位于蒙古的西南面,在现在的宁夏、甘肃一带,是由党项族建立的国家,它的都城中兴府就是今天的宁夏回族自治区首府银川市。

1205—1209年,成吉思汗连续三次出兵攻打西夏。因为西夏人每次都假装投降,所以三次出兵都以和解告终。

根据双方的约定,1217年,成吉思汗邀请西夏一起去攻打花剌子模国。西夏国王不愿损兵折将,一口回绝了成吉思汗的邀请。

成吉思汗很生气。九年后,成吉思汗西征回来,就说:"当初你狠心拒绝了我,这次可别怪我不客气了!"1226年,成吉思汗以"西夏不出兵"为理由,发动了征服西夏的战争。

　　虽然西夏全国上下进行了顽强的抵抗,可是两国实力相差悬殊,西夏几乎没有还手之力,很快,西夏都城中兴府就被团团包围了。1227年,西夏国王故技重演,派人向成吉思汗投降,并把自己的国家献给成吉思汗,成吉思汗同意接受西夏献城投降。

　　就在这节骨眼儿上,成吉思汗生命垂危。如果西夏人知道真相,投降的事情就很有可能变卦。成吉思汗这位军事天才在临死前还不忘作战,他嘱托身边最亲密的人说:"我死后,一定要封锁消息,秘而不宣,等到西夏国投降后,便将西夏百姓全部杀死，以免他们再次反悔。"说完，他便去世了。

这可真是一份让人胆战心惊的遗嘱啊！

三天后，西夏国王正式出城投降，并把西夏的国土悉数奉上。而蒙古军立即冲进城去，可怜西夏国，上至王公贵族，下到平民百姓，几乎全部被蒙古军杀死。西夏国就此灭亡。

历史微课

蒙灭西夏之战 蒙古统一中国过程中的一场战争。蒙古建国后，矛头指向西夏和金国，成吉思汗采取先弱后强的战略，先发兵征伐西夏。战争历时22年，蒙古先后六次出兵西夏。1227年，西夏末帝出城投降，西夏正式宣告灭亡。蒙古灭亡西夏，为日后灭金和南宋、统一中国奠定了基础。

金国和蒙古的仗打了一百多年

金国是由女真族建立的国家，他们世代居住在白山黑水（长白山和黑龙江）之间，是东北地区古老的少数民族。

11世纪的时候，有一部分女真族人来到松花江的支流阿什河边居住。阿什河盛产沙金，"阿什"的本意就是"金"的意思。12世纪的时候，女真族出现了一名杰出的领袖——完颜阿骨打，他建国称帝，国号为大金。在他的领导下，金国日益强大，先是消灭了强大的辽国，接着又灭了北宋。从此，金国统治北方，而宋朝则屈居南方。

那时候，蒙古高原还没有统一，大金强、蒙古弱，金国常常向蒙古发动战争，残杀蒙古百姓，抢夺蒙古人的财物。为了彻底消灭蒙军，每过三年，金国就要对蒙古展开一次大屠杀。蒙古可汗俺巴孩也被金国人所杀，蒙古人的第一个国家就是被金国灭亡的。幸运的是，顽强的蒙古人还是在大屠杀中生存了下来。

蒙古和女真这两个骁勇的民族就这么打打杀杀了一百多年，蒙古伤亡非常惨重，也与金国结下了不共戴天之仇。俗话说，"君子报仇，十年不晚"，成吉思汗一直在等待机会消灭自己的世仇——金国。

成吉思汗临终前定下灭金策略

成吉思汗统一蒙古后,想到的第一件事,就是要攻灭金国。

为了了解金国的真正实力,1211年和1213年,成吉思汗试探性地进军金国,结果非常顺利,蒙古人攻下了金国的十一个城池。过去,金国攻打北宋异常勇猛,宋朝只好迁都临安(今浙江杭州),并且每年向金国进贡财物。现在,金国也学起了宋朝的这一套,向蒙古人提出和解。此时,成吉思汗还没有取胜的绝对把握,就答应了金国的请求。金国的都城本来在中都(今北京),与蒙古和解后,金国迁都汴京(今河南开封),后又退守蔡州(今河南汝南)。

成吉思汗担心金国和西夏联手夹攻蒙古,于是决定先消灭西夏,再攻打金国,这样就没有后顾之忧了。

1227年，蒙古灭西夏。可惜，成吉思汗没有亲眼看到金国投降，便溘然长逝了。临终前，他交代窝阔台说："金国的实力不容小视，宋和金国是世仇，如果我们联合宋一起攻打金国，想必宋一定会答应的。"

北宋是被金国灭亡的，宋朝人早就对金国人恨之入骨了，"靖康之耻"犹未洗雪，何况金国对南宋也造成了巨大的威胁，南宋正苦于没有办法，现在蒙古提出联手灭金的建议，南宋就一口答应了。南宋派出了两万名士兵，并提供粮食三十万石，与蒙古军队在蔡州会师。

1234年，蒙宋联军攻破了蔡州城，蒙古军队从西门攻入，宋军从南门包抄。金哀宗眼看大势已去，就在蔡州城内自杀了。金国就此灭亡。

此时，西夏、金国都已被蒙古所灭。

历史微课

蒙金战争 世界史上著名的小国崛起、以少胜多的战争。战争前后历时24年，由成吉思汗发动，最终窝阔台联合南宋完成灭金大业。战争期间，蒙古在武器装备上善于吸取中原先进技术，使长于野战的蒙古军增强了攻坚能力。蒙古灭亡金国，为以后攻灭宋朝、统一全国奠定了基础。

拖雷代窝阔台而死

蒙古人有个习俗，就是当一家之主死后，由最小的儿子继承和管理财产，所以成吉思汗死后，暂时由成吉思汗的幼子拖雷管理国家。

后来，丞相耶律楚材提议说："成吉思汗立下了遗嘱，由窝阔台做接班人，现在应该是窝阔台继承汗位的时候了吧。"

大家都表示赞同。1229年，蒙古汗国举行了盛大的聚会忽里勒台，成吉思汗的第三个儿子窝阔台被正式推举为可汗，开始掌管国家，历史上称他为元太宗。

拖雷对此丝毫不感到嫉妒，而且还为救窝阔台献出了自己的生命。

1231年，窝阔台率军攻打金国时，突然得了重病，话也说不出来。群龙不能无首，况且窝阔台还贵为蒙古国的可汗，大家都很着急。

当窝阔台从昏厥中醒过来时，问道："我的兄弟中，现在有谁在我身边？"

当时，拖雷正陪在窝阔台身边，窝阔台就想传位给他，拖雷却

历史微课

拖雷(1193—1232)成吉思汗的第四个儿子(幼子),蒙古汗国开国元勋、监国。他拥有卓越的军事才能,在蒙古西征和攻金战争中战功卓著。成吉思汗生前分封诸子,拖雷留在父母身边,继承了大部分军队。成吉思汗去世后,窝阔台继位,拖雷监国。

说:"我们的父亲成吉思汗把江山交给了您,您可不能死啊!我长得俊美,妖怪一定会喜欢我的,让我代替您去接受惩罚吧!"

说完,拖雷毫不犹豫地要求一旁的巫师对他实施"法术",并且喝下了施有"法术"的水。片刻之后,拖雷像喝醉了酒一样,昏昏沉沉的,他说:"现在我已经大醉了,照顾汗兄的任务就交给各位了!"

然后,他就昏了过去,再也没有醒过来,而窝阔台居然奇迹般地康复了。

9 三次西征：铁骑纵横欧亚大陆

    成吉思汗的英雄事迹激发了子孙们的斗志，他们四处征战，心中牢记着成吉思汗的话："天下土地广大，河水众多，你们尽可以各自去扩大营盘，占领土地。"虽然他们并不知道终点在哪里，也不知道自己的马到底要奔向何方，但是他们以战斗和征服为乐，以占领更多的土地为乐。

    当时的蒙古人，不仅拥有世界上最可怕的军事力量，也有着最令人战栗的野心。蒙古汗国前后发动了三次西征，分别是西征花剌子模、"拔都西征"和"旭烈兀西征"。蒙古人的西征所向披靡，一直打到多瑙河边，攻克莫斯科，征服了波斯、叙利亚。

    然而，战争是残酷的、血腥的，在这三次侵略性远征中，蒙古军队残忍地屠杀当地百姓、焚毁当地城市，在历史上留下了灰色的一笔。

讹答刺惨案

位于蒙古西边的花剌子模曾经是一个强大的国家，它的农业很发达，领土西至今天的伊拉克，南到现在的印度。成吉思汗建立蒙古汗国后，花剌子模国派使者前来祝贺，两个国家建立了友好关系。

后来，成吉思汗决定和花剌子模国实现通商，也就是双方国民可以互相做生意。做出决定后，成吉思汗派了一个四百五十人的队伍前往花剌子模国，这里面有成吉思汗的使者，也有蒙古商人，他们带了金银珠宝等很多财物，还有五百头骆驼，准备去花剌子模赚上一笔。

经过长途跋涉，1218年，浩浩荡荡的队伍终于到达了花剌子模国的讹答剌城，负责守城的亦纳勒术接待了他们。然而，亦纳勒术见到他们带了这么多财物之后，不禁起了贪念。为了侵吞这些宝贝，他就向国王摩诃(hē)末报告说："这四百五十人都是成吉思汗派来的间谍。"

摩诃末一听是间谍，就命令亦纳勒术把他们都杀了。

这就是历史上有名的"讹答剌惨案"。

惨案发生后，成吉思汗念在两国旧日的情谊上，就派了几名使臣前去交涉。没想到，花剌子模

国王摩诃末把正使给杀了，然后把副使剃了光头，赶了出去。

"好心当成驴肝肺"，受到这样的羞辱，成吉思汗勃然大怒：我本是真心诚意和你建立友谊，你却狠心地杀死我们蒙古的友好使者，这不是天大的侮辱吗？成吉思汗当即决定，出征花剌子模，为死去的蒙古人报仇。花剌子模国王因为狂妄而招来了灭顶之灾。

第一次西征

虽然花剌子模国王摩诃末也是攻城略地的好手，也曾征服了不少国家，可是他的军事才能和成吉思汗相比却是"小巫见大巫"。摩诃末缺乏自知之明，他自视甚高，仗着自己有四十万士兵，而成吉思汗只有十几万兵力，根本就没有把成吉思汗放在眼里。

可是，当摩诃末看到成吉思汗的军队像洪水一样，滔滔不绝地涌向花剌子模时，他一下子就给吓呆了。他也不知道成吉思汗会从什么地方开始进攻，便把自己的军队分成许多部分，分别镇守不同的要塞。

摩诃末以为自己做到了万无一失，可他们是分散作战，而成吉思汗是集中作战，面对这样的战术，花剌子模的四十万大军就起不到什么作用了。没过多久，成吉思汗就攻下了一个又一个城市，花剌子模的军队节节败退。

摩诃末的很多手下原本就是俘虏，对摩诃末并

不忠心，在成吉思汗的鼓动下，他们都掉转矛头，对准了摩诃末。花刺子模的都城就这样陷落了，摩诃末带着自己的亲信逃跑了。成吉思汗命令大将哲别为先锋，对摩诃末穷追不舍，摩诃末逃到了一个遥远的小岛上后，病死在那里。

这就是蒙古人的第一次西征，由成吉思汗亲自统帅，从1219年到1223年，前后共持续了四年时间，其间消灭了花刺子模国，占领了中亚大片土地。

历史微课

蒙古第一次西征 即蒙古征服花刺子模战争。1219年，蒙古军长驱直入中亚后，攻占了花刺子模的都城，国王西逃。一方面，成吉思汗令速不台、哲别等继续追击，蒙古军向西越过里海、黑海间的高加索地区，深入俄罗斯；另一方面，成吉思汗又挥师追击花刺子模的太子札兰丁，深入印度河流域。

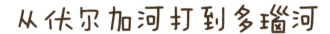

从伏尔加河打到多瑙河

1227 年，成吉思汗溘然长逝。虽然成吉思汗已死，但是他的子孙们都牢记着他生前说过的话："天下土地广大，河水众多，你们尽可以各自去扩大营盘，占领土地。"

塔塔儿部、金国、西夏……这些仇人都已经消灭了，下一个目标又该是谁呢？他们也心中没数。于是，他们就从脚下的土地出发，一直向西进军。第二次西征从 1235 年开始，到 1341 年窝阔台逝世方才终止，由于这次西征是由成吉思汗的孙子拔都统率的，所以又被称为"拔都西征"。

之前，蒙古人已经向西攻克了花剌子模国；这次，拔都率领的西征队伍长驱直入到欧洲境内。

他们最初把目光投向了伏尔加河。伏尔加河是俄罗斯境内一条著名的河流，拔都的军队沿着伏尔加河，开始了他们的征服战争。

当时的俄罗斯分成许多个公国，蒙古人攻打的第一个目标是一个叫里亚占的公国。里亚占公国根本不是蒙古军队的对

手,只好向邻近的其他公国求助,可奇怪的是,没有一个公国肯出兵援助,于是,拔都几乎不费吹灰之力就占领了里亚占公国。看到胜利来得这么容易,蒙古人的士气也就更加高涨了。

蒙古人就这样一路攻城略地,一直打到了俄罗斯名城莫斯科。莫斯科不像前面那些城市一样能够如此轻易地被攻破,拔都也不急着攻城。他先命令手下铺筑了极其宽阔的大马路,修好马路后,他们就在车上架起了投石机。投石机是当时一种很厉害的武器,就像今天的大炮一样,只不过投石机发射的是石块。接着,蒙古人开始使用投石机攻打莫斯科,只用了五天时间,号称固若金汤的莫斯科就被攻陷了。接下来,拔都的军队挺进到欧洲的多瑙河流域。

历史微课

蒙古第二次西征 此次西征因为各支宗室均以长子统率军队,万户以下各级那颜也派长子率军从征,所以又被称为"长子西征"或"诸子西征"。统帅拔都在回军途中,于伏尔加河流域建立了钦察汗国。

"天兵天将"降临欧洲

占领了俄罗斯后,骁勇善战的蒙古人并不满足,他们在拔都的率领下,继续往西进发。

他们首先来到了波兰。波兰的绝大部分百姓从来没有听说过蒙古人,更没有见过蒙古人,现在这样一支队伍突然闯进了自己的家园,波兰人顿时傻眼了。

波兰的统治者西里西亚大公连忙请求邻国神圣罗马帝国(今德国等)和捷克等国前来帮忙。虽然各国的勇士们骑着战马、穿着铁甲,在欧洲享有骑士的英名,可是他们的衣着非常笨重,而蒙古人却是轻装上阵,非常灵活,蒙古人几乎不费吹灰之力就打败了欧洲的骑士。

这下,整个欧洲都被震撼了,他们感到非常不可思议:这支奇异的队伍究竟来自何方? 他们甚至以为是上帝派了"天兵天将"来惩罚他们呢。

波兰被攻陷后,蒙古人的铁骑又踏进了匈牙利。1241年,他们一直打到了蓝色的多瑙河边。

就在这时,蒙古可汗、铁木真的第三个儿子窝阔台去世的消息传到了远在欧洲的西征军军营中。可汗去世,和中原王朝的皇帝驾崩一样,是一个国家最为重大的事情之一。拔都马上停止了进

攻，率军东归，否则世界历史可能就此被改写。

窝阔台的去世，拯救了那些身处恐慌之中的欧洲人。这群突然到来，又突然离去的"天兵天将"，真是令欧洲人感到百思不得其解。

1252年，铁木真的孙子旭烈兀又发动了第三次西征，也被称为"旭烈兀西征"。在这次西征中，蒙古人攻占了木剌夷（在今伊朗）、报达（今伊拉克首都巴格达）、黑衣大食（即阿拉伯帝国），一直到1260年才宣告结束。

历史微课

蒙古第三次西征　经过前两次西征，蒙古帝国的势力范围已扩展到中亚和东欧。蒙哥继承蒙古汗位后，由于木剌夷国不肯对蒙古称臣和朝贡，因此蒙古发起了第三次西征。此次西征由蒙哥汗的弟弟旭烈兀率领，征服了阿拉伯帝国的阿拔斯王朝、木剌夷国及叙利亚的阿尤布王朝。旭烈兀在波斯等地建立伊儿汗国，西亚地区成为蒙古帝国的领土。

四大汗国

除了位于华夏大地上的蒙古汗国之外，蒙古人又在世界的其他地方建立了四个汗国，它们分别是钦察汗国、察合台汗国、窝阔台汗国和伊儿汗国。这些汗国都向蒙古汗国称臣，都由"黄金家族"统治。

随着蒙古可汗窝阔台的去世，拔都西征也宣告结束。这时的拔都，已经向西占领了欧洲的大片土地，包括整个俄罗斯。西征结束后，他没有回到蒙古，而是来到了他曾经占领的俄罗斯，在那里建立了钦察汗国。由于拔都的帐篷喜欢用金色的顶，而且拔都的名声在欧洲又非常响亮，所以他的汗国也被称为"金帐汗国"。

在四大汗国中，钦察汗国的疆域最辽阔，它的统治时间长达两百多年，比元朝还要长

呢。1502年，莫斯科大公国和克里米亚汗国（由鞑靼人建立）的联军消灭了钦察汗国。

钦察汗国是拔都西征的产物，而伊儿汗国则是旭烈兀西征的产物。由于这两个汗国的子民大多信奉伊斯兰教，所以这两个汗国都成了伊斯兰教国家。而察合台汗国和窝阔台汗国是成吉思汗赐予两个儿子察合台和窝阔台的领地。

正是因为有了这四大汗国，日后建立的元朝才有了庞大的版图。

10 两兄弟争夺王位

　　窝阔台去世后，先后又有三人统治蒙古。1251年，拖雷的长子蒙哥继承了可汗的位子。

　　和汉人的做法不同，蒙古汗国原来是没有"太子"的，成吉思汗在"大札撒"里规定：如果可汗去世了，则要举行忽里勒台推选新的可汗，但新的可汗必须是成吉思汗的后代。一般来说，可汗在临终的时候，都会指定一位自己最满意的继承人来继承汗位。

　　1259年，蒙古汗国的可汗蒙哥在战场上突然去世了，还没来得及指定一位新的可汗。谁将继承他的汗位呢？是有才能的忽必烈，还是拖雷的幼子阿里不哥呢？

人才济济的金莲川幕府

忽必烈是成吉思汗的孙子、拖雷的儿子。和那些只知道打仗的兄弟们不同，忽必烈从小就喜欢看书，对汉族的文化非常着迷，脑子里总是在思考着关于国家和社会的问题。长大后，忽必烈成了一个胸怀大志、博览群书的王子，虽然他不像其他蒙古人那样身材高大，但是双目炯炯有神，看上去精神抖擞。

忽必烈三十六岁的时候，他的哥哥——蒙哥派他去管理漠南地区。漠南是蒙古南部的中原地区，忽必烈本来就倾心于汉族文化，所以他兴高采烈地领命前去就职。他的官府设在一个叫金莲川的地方。这个地方以前是金国皇帝的避暑胜地，城中种满了大片大片的金莲花。莲花盛开时，就像在草原上铺了一望无际的金色地毯，所以取名金莲川。忽必烈在金莲川"征天下名士而用

历史微课

金莲川幕府 忽必烈受命总领漠南军国庶事后，在金莲川开府，"征天下名士而用之"，建立了蒙元历史上有名的"金莲川幕府"。被召入金莲川幕府的各界人士，有正统儒学的代表许衡、姚枢，吐蕃佛教萨迦派教主八思巴，汉族幕僚郝经、刘秉忠、张文谦，畏兀儿人廉希宪、阿里海牙，大食人也黑迭儿，回族人扎马鲁丁、阿合马等。元世祖忽必烈正是在金莲川广揽人才，确立了安邦治国之策，开创了大元的盛世伟业。

之"，他的官府就成为历史上著名的"金莲川幕府"，忽必烈的宏图大业就是从这个地方开始的。

因为忽必烈经常处理汉地的事务，所以他对汉人的文化有了更深的了解。一有空闲，他就学习各种典籍，儒家的、佛教的、道教的统统钻研，诗歌、散文、史籍无不涉猎，许多名人、文豪成了忽必烈的座上宾，他孜孜不倦地向汉人学习，对于汉人治理国家的方法也渐渐了然于心。

更重要的是，忽必烈在管理漠南地区时，招募了大量的人才。以往，蒙古贵族很排斥汉人，可是忽必烈招募的人才却以汉人为主，而且还以儒家文人为主。忽必烈非常尊敬他们，并加以重用，而他们也对忽必烈忠心耿耿、毫无保留。当时的金莲川幕府真可谓人才济济！这些人为忽必烈日后获取汗位立下了汗马功劳。

我就到金莲川，里面可是挤满了人才哦！

在众多人才的辅佐下，忽必烈发展农业，整顿军政，把漠南地区治理得井井有条、欣欣向荣。这也为日后元朝的发展奠定了坚实的基础。

美丽的"贤内助"——察必王妃

忽必烈之所以能成为一个杰出的帝王，这里面也有他的"贤内助"——察必王妃的功劳呢。

察必不仅长得非常美丽，并且知书达理、顾全大局、机智勇敢，总能在关键的时候为忽必烈提出重要的建议，甚至为了忽必烈和国家，情愿牺牲自己。

忽必烈管理漠南地区时，励精图治，因此漠南发展很快。为了攻打宋朝，忽必烈到处招兵买马，

然而，此举引起了蒙哥汗的猜忌，他害怕忽必烈越来越强大，有一天会抢夺他可汗的位子。由于忽必烈任用了很多汉人为官，因此，他得罪了很多守旧的蒙古贵族，这些贵族坚决反对任用汉人为官。于是，蒙哥汗打算把忽必烈召回蒙古都城和林(今蒙古国哈尔和林)。

如果忽必烈回到和林，那他的努力就前功尽弃了。正在这个为难的时刻，忽必烈的妻子察必想出了一个办法，说："只要我带着我们的儿子一起回到和林，可汗就不会再猜忌我们了。"

这不等于让察必王妃去做人质吗？忽必烈不愿意这么做。但是，察必王妃的态度非常坚决，她说："你不要为我担心。而且，我在都城，还能帮你打探消息，这不是对你的事业也有很大帮助吗？"

在察必王妃的再三请求下，忽必烈终于答应了。果然，察必王妃和王子回到都城后，蒙哥汗就不再怀疑忽必烈了。

历史微课

察必(?—1281) 弘吉剌氏，忽必烈即位后，被立为皇后。察必禀性聪明，善于把握时机，所以在元朝建立之初，成为元世祖的重要助手。此外，察必心灵手巧，蒙古帽本来没有前檐，忽必烈常感到阳光刺眼，她将帽子加上前檐，使之成为蒙古帽的定式。她又为元世祖制作"比甲"，便于蒙古人骑马射箭，当时人们争相效仿，成为时装。

蒙哥汗死在战场上

自从蒙古变得强大后，蒙古可汗无时无刻不盼望着消灭自己的南方邻居——南宋。1235年，蒙古可汗窝阔台拉开了蒙宋战争的帷幕，这场两强之争足足持续了四十四年。

窝阔台去世后，继任的蒙古可汗蒙哥是一个勇敢且能干的统治者，他和忽必烈都是成吉思汗的孙子、拖雷的儿子，1258年，他发动了第二次蒙宋战争。然而，天有不测风云，蒙哥汗在御驾亲征四川时，连打了几场败仗。一个小小的钓鱼城（今重庆合川东），蒙哥汗的部队攻了几次都攻不下来，而且伤亡惨重。

蒙哥汗不惜一切代价要攻下钓鱼城，结果都事与愿违。最后，不光蒙军总帅被飞石击毙，连蒙哥汗本人也在激战中被飞石击中。蒙军不得不从钓鱼城全线撤军。撤军途中，蒙哥汗伤病交加，与世长辞。临死前，他留下遗嘱，要对钓鱼城"屠城剖赤"。

小小的钓鱼城，因为有着天然的地理优势、绝妙的建筑特点和全城军民的抗敌决心，在蒙古铁骑的兵锋扫荡下，足足坚守了二十年。而它的最终弃守，也是在和平的状态下发生的。那是在1279年，当时蒙哥的继任者元世祖忽必烈几乎已经攻占南宋全境，钓鱼城守将看到南宋已无回天之力，仗再打下去已经没有任何意义，便主动向元军谈判投降了；而元军也没有对钓鱼城进行屠城。

历史微课

蒙哥(1209—1259) 蒙古大汗。蒙哥自幼由窝阔台抚养，即汗位前，曾参加拔都统率的长子西征，屡立战功。1251年，被拔都等拥戴为大汗。他即汗位后，派旭烈兀远征，派忽必烈灭大理、招降吐蕃，并亲自率军进攻南宋，后死于合川钓鱼城下。

漠南一个可汗，漠北一个可汗

蒙古可汗是怎么推选出来的呢？一般来说，可汗临死前，都会指定一个威望与才能并重的皇族成员作为新可汗的人选。等到安葬完毕，蒙古的贵族们就举行忽里勒台，正式定下新任可汗。

现在，蒙哥汗突然去世，谁将继承汗位呢？

拖雷与正妻共有四个儿子，长子蒙哥已经去世，三子旭烈兀此时正率领军队西征，只剩下二子忽必烈和幼子阿里不哥了。

毫无疑问，在所有兄弟中，最有才能的是忽必烈，如果他能继承汗位，那将是蒙古的幸事。不过，有人强烈反对忽必烈，因为忽必烈任用汉人为官、学习汉文化的做法，惹恼了很多蒙古贵族。

虽然阿里不哥最没有才能，既暴躁，又任性，可是，蒙古有一个风俗，就是由小儿子继承家业。阿里不哥决定以此为借口，夺取汗位。

当时，忽必烈正在遥远的鄂州（治所在今湖北武汉）与宋军大战，而阿里不哥则留守蒙古都城和林。阿里不哥在第一时间获得了蒙哥去世的消息，

于是开始密谋夺取汗位。一方面，他秘密筹划召开忽里勒台，想在大会上名正言顺地当选可汗；另一方面，他准备派兵南下攻打忽必烈，以绝后患。

当时，忽必烈的妻子察必王妃正作为人质留在和林。她非常聪明、机智，知道阿里不哥的阴谋后，一方面，派出使者快马加鞭前去向忽必烈通风报信；另一方面，为了稳住阿里不哥，勇敢的察必王妃只身前去面见他，并且质问他说："现在我的儿子、成吉思汗的曾孙正在和林，你们调集军马，怎么能不告诉他呢？"阿里不哥听了之后，以为察必早有准备，不禁有些害怕，只好按兵不动。

接到察必的消息后，忽必烈以最快的速度赶到了自己的大本营、漠南的首府——燕京（后改称大都，今北京）。这让阿里不哥大吃一惊，只能暂时放弃称汗的计划。而忽必烈一直励精图治，早已具备了雄厚的实力。1260年，忽必烈在开平（今内蒙古正蓝旗东闪电河北岸）即大汗位。

阿里不哥正在忙着邀请蒙古贵族召开忽里勒台，没料到忽必烈竟然抢在了他的前头，这让阿里不哥感到非常懊恼，他只好也仓促地登上了可汗的位子，都城仍旧设在和林。

这样，蒙古的南北两地就出现了两个可汗。

亲兄弟间的战争

阿里不哥当上可汗后,派了八万精兵前去攻打忽必烈,可以说倾注了他的全部兵力。没想到,走到半路的时候,阿里不哥的军队和忽必烈的将领廉希宪碰上了。当时的情况非常紧急。廉希宪为人果断、刚毅,他平素非常了解忽必烈,于是先斩后奏,和阿里不哥的军队打了起来,并且将其八万精兵一举歼灭,还抓获了阿里不哥的大将阿兰答儿,为忽必烈立了大功。

失去阿兰答儿和八万精兵的阿里不哥已经没有能力和忽必烈抗衡,只好向北撤退到了乞儿吉思地区。

很快,阿里不哥就弹尽粮绝了。狡猾的阿里不哥想了一个办法,他假装向忽必烈投降。忽必烈见

阿里不哥来降，非常高兴，一点也没有想到这里面有什么阴谋。阿里不哥趁机出兵攻击，重新占领了蒙古的旧都城和林。

阿里不哥的所作所为让忽必烈感到非常失望，他立即派兵攻打阿里不哥，阿里不哥根本不是忽必烈的对手。1264年，走投无路的阿里不哥向忽必烈投降。至此，这场亲兄弟之间的战争才宣告结束。

历史微课

廉希宪(1231—1280) 畏兀儿人，元朝初年著名大臣。他幼年时就举止不凡，爱好读书。后进入忽必烈的金莲川幕府，被称为"廉孟子"。蒙哥汗死后，他劝忽必烈北归即位，击溃阿里不哥的进攻，平定刘太平等叛乱，官至平章政事。廉希宪为政刚正不阿、直言敢谏，被元世祖忽必烈称为"真男子"。

11

建立元朝，统一中国

　　经过几十年的奋战，蒙古人从蒙古高原上的一支游牧民族，变成了名震世界的强大帝国的主人，他们已经统一了蒙古高原，征服了欧亚大陆的大片领土，消灭了中国北方的强国金国和西夏。他们拥有无垠的草原、广阔的沙漠和不计其数的山川；在他们的领地里，有黄种人、白种人，臣民们说着各种不同的语言。

　　可是，他们还有一个最重要的目标没有攻克，那就是已经偏安南方的宋朝。虽然宋朝的统治非常腐败，可是要彻底打败宋朝，并不是一件容易的事。如果不能消灭宋朝、统一中国，那么蒙古人的伟业还远谈不上成功。

　　1271年，忽必烈定国号为大元。在积蓄了足够的力量之后，忽必烈的队伍开始向南方、向宋朝进发。

一人亡了一个国家

　　虽然南宋末年统治腐败，但"瘦死的骆驼比马大"，当时的宋朝拥有两百万大军，光精兵就有七十万，而忽必烈手下只有五十万人的军队。所以，蒙古几次进攻宋朝都没有取胜。

　　可是，宋朝的皇帝不理朝政，整日只知道在西湖上喝酒享乐，朝政都被宰相贾似道一人把持了。贾似道的姐姐被选入宫中做了贵妃，贾似道也就扶摇直上，成了当朝宰相。都说宰相是"一人之下，万人之上"，然而，贾似道的权力比皇帝还大，国家大事都是他说了算。

　　贾似道从没上过战场，对打仗一窍不通，蒙古人打过来后，他吓得半死，但是作为堂堂宰相，他又不能退缩。他眼珠子一转，想出了一个"两全其美"的主意。他偷偷派了个使者去跟蒙古人议和，谈判的结果是：蒙古撤兵，但是宋朝必须割让长江以北的部分城市，并且每年向蒙古奉献白银二十万两、绢二十万匹。

　　然后,贾似道去皇上那里邀功说:"皇上放心,我已经把蒙古人打回北方去了。"而对于割地赔款的事情,贾似道瞒得紧紧的,朝廷上下谁也不知道。

　　可好景不长。忽必烈经过养精蓄锐后,于1271年改国号为大元,随即再次对南宋发动进攻。开战之前,忽必烈先派了使者前往宋朝谈判。如果使者来到朝廷谈判,那么议和的卖国行径就露馅了。于是,贾似道一不做,二不休,把蒙古人的使者给统统杀光了。忽必烈接到消息,勃然大怒,决定立即攻打宋朝。

　　然而,贾似道为了保住宰相的位子,在皇上面前隐瞒军情,明明敌人都快打到家门口了,贾似道还说平安无事。1275年,元军顺江东下,他知道再也瞒不过了,才被迫出兵,结果大败。

　　到了这个时候,一切都来不及了,宋朝的江山就这样葬送在了贾似道手上。

一个被围困了五年的城市

襄阳位于今天的湖北省境内,是宋朝的军事要塞和门户,如果襄阳失守,宋朝也就岌岌可危了。所以,忽必烈把攻下襄阳作为伐宋的重要一战。

对于这次战斗,元军是有备而来的。蒙古人从小在草原上长大,习惯陆地作战,而南方多河流、湖泊,所以在出兵宋朝之前,忽必烈早就训练出了一支出类拔萃的水军。

元军进入中原后,一路胜利,很快就来到了襄阳城下。然而,襄阳三面环水、一面靠山,占有"一夫当关,万夫莫开"的天然地理优势,而且宋朝又派了重兵驻守,城池四周都筑起了高高的城墙。虽然元军包围了襄阳,但几次攻城都没有成功,只好在城下安营扎寨。

一转眼,襄阳已经被围困达四年之久,襄阳的守军也快支撑不下去了。樊城和襄阳隔水相望,它的守将几次想冲破元军的包围,前去支援襄阳,都没有成功。眼看着襄阳军民即将弹尽粮绝,樊城守将李庭芝决定冒死一战。然而,元军早就获得了消息,布下了天罗地网等着宋军前来送死。果然,李庭芝等人被抓个正着,元军乘胜追击,先取下了樊城。

这下,襄阳更成了孤岛。在这攻城的大好时机

下，元军并没有向襄阳进攻。因为忽必烈反对大开杀戒，曾经叮嘱元军将领阿术说："襄阳是一座历史名城，城内文化古迹非常多，千万不能毁坏这些文物啊！"阿术派手下刘整到城下劝降，然而襄阳守将吕文焕义正词严地拒绝了元军的劝降，还暗中放箭射伤了刘整。但是，阿术并没有就此放弃，他又写了一封信给吕文焕说："现在城内百姓饥肠辘辘，南宋的统治又如此之腐败，希望吕将军能为百姓考虑。"

吕文焕考虑再三，决定献城。1273年，被围困达五年之久的襄阳终于被元军占领了。从此，元军势如破竹，很快占领了南宋的一个又一个城市。

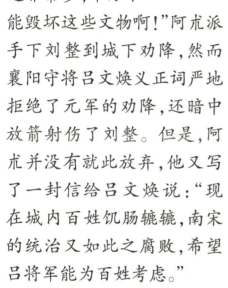

历史微课

刘整(1213—1275) 字武仲，宋元之际邓州穰城(今河南邓州)人，金末投宋，官至潼州十五军州安抚使、知泸州军州事。1216年，因遭人诬构，为求自保，刘整带着泸州十五郡、三十万户口向忽必烈投降。1267年，刘整提出先取襄阳的建议，后与阿术督军围困襄阳，又在襄、樊前线造战舰、练水军，最后攻陷樊城，招降襄阳。刘整在元代官至行中书省左丞，病卒。

不杀俘虏的皇帝

在成吉思汗统治的时候，蒙古还保持着许多原始的、野蛮的作风，每次打了胜仗，都要残暴地屠杀当地百姓，焚毁繁华的城市，尤其是对蒙古民族的仇人，更是毫不留情，往往造成血流成河、尸堆如山的悲惨景象。

在蒙古贵族的眼里，这是理所应当的事情，成吉思汗的子孙们也继承了这一对待俘虏的方式。可是忽必烈却坚决反对这么做，因为他觉得：一个圣明的君主，不能靠暴力使百姓臣服，而应该"以德服人"，通过仁慈的做法，让百姓从心底里愿意服从。

每次战斗前，忽必烈都会再三嘱咐他的大将：千万不能杀死那些俘虏，更不能杀死当地百姓。

1274年，忽必烈正式发布伐宋的诏书，开始统一中国的大战。他任命左丞相伯颜、平章政事阿术

我不杀俘虏！

为统帅,率领二十万大军水陆并进。

出发前,忽必烈对伯颜说:"我希望你向一个人学习。"

伯颜很了解忽必烈的想法,他说:"您说的是宋朝的将军曹彬吧?"

忽必烈点点头:"没错,我说的就是曹彬。"

历史微课

阿术(1227—1281) 元朝初期大将,兀良哈氏,蒙古开国功臣速不台之孙。蒙哥汗时,他跟随父亲平定大理;后率军进攻南宋,围襄阳,破樊城;1274年,与伯颜、阿里海牙等共同伐宋。官至行尚书省左丞相。后受命北伐叛王,又率军西征,卒于途中,被追封为河南王。

曹彬是宋朝的开国大将,他仁慈爱民,从不滥杀无辜。忽必烈这么说,是因为他不但想统一南方,更想坐稳天下,不只是为了眼前的利益烧杀抢掠,而是要让老百姓都能心悦诚服地归顺元朝。

忽必烈见伯颜已经了解了自己的意图,很高兴,说:"宋朝的曹彬攻打江南时不曾滥杀无辜,使百姓真心真意归顺朝廷,如果你能做到不滥杀,那你就是我的曹彬。"

果然,伯颜到达南方后,每次开战之前,总是派使臣去和宋朝官员谈判,让当地官员从百姓安危的角度考虑而归顺元朝,而不是像之前的蒙古人一样,每到一地,都杀个寸草不留,这也是忽必烈能统一中国的重要原因之一。

直取临安

1276年，阿术、伯颜率领的两支元军已经夺取了宋朝的大半领土，在南宋都城临安城下会师。临安就是今天的杭州。"山外青山楼外楼，西湖歌舞几时休"，只知道享乐的南宋贵族此时才如梦初醒。皇帝年纪还小，皇太后虽然力主抵抗，可是她居然找不到一个像样的将领来保卫临安。

元军几乎不费吹灰之力就占领了临安，并俘虏了南宋的皇帝和两个皇太后。南宋就这样灭亡

了。虽然文天祥、陆秀夫和张世杰等宋朝将领在各地誓死抵抗，但根本不是元军的对手。

1279年，南宋的皇族被彻底消灭，其他将领眼看复国无望，纷纷投海殉国。至此，元世祖忽必烈统一中国。

早在1271年的时候，忽必烈就已改国号为大元。"大元"取自《易经》里所说的"大哉乾元"，象征着万物的开始，忽必烈取这个名字，是希望自己的国家也能像万木生长那样欣欣向荣。从此，中国进入了元朝统治的时期。

12

马背上
不能治天下

　　"马背上可以得天下,但马背上不能治天下",这句话说的是,凭借武力可以获取更多的领土,但是光靠武力并不能治理好国家。忽必烈始终牢记着耶律楚材的这句话,所以他不再像他的爷爷、叔叔和兄弟们那样,只知道打仗、征服,相反,他更能从大局考虑,关心的是怎样才能治理好国家,让国家稳定富强,让百姓安居乐业。

　　同时,忽必烈也谨记"治理汉人就要用汉法",而不像他的祖先那样妄自尊大,狭隘地独尊"蒙法"。忽必烈是一个心胸非常开阔的人,他对不同民族、不同宗教都充满了兴趣,一视同仁。忽必烈的帐下聚集了多个民族的大臣,很多汉人受到忽必烈重用。如果说没有成吉思汗,就没有蒙古的兴盛,那么没有忽必烈,就没有中国历史上的元朝。

放牧、种田都重要

放牧好，还是种田好？

聪明的你一定会回答说："放牧和种田都是必不可少的。"放牧可以得到牛奶、羊肉等等，而稻米等粮食则必须通过耕种获得。

可是，一开始，蒙古的贵族不明白这个道理，他们已经习惯了大草原上自由自在的放牧生活，所以看不惯汉人在一块田上耕来种去的。

窝阔台做可汗的时候，有个贵族向他建议说："我看汉人对我们大蒙古国也没有什么好处，我们不如把这些汉人都除掉，把汉人的地方都变成牧场，那我们就有无边无际的牧场了。"

放牧牛羊只能养活很少的人，适合地广人稀的蒙古大草原；而如果把整个中国的田地都改成牧

放一牧一好！

场，那就会有数不尽的人饿死，而且织布用的棉花也没了。幸亏大臣耶律楚材及时劝阻，他说："我们南征北战，需要充足的供给。如果我们适当向农民征税，那每年就能得到五十万两银子、四十万石粮

种—田—好！

食和八万匹绢，这不是足够我们打仗所需了吗？"

窝阔台一听种田有这么多好处后，就没有采纳那个贵族的馊主意。不过，许多蒙古贵族入主中原后，还是把自己领地上的大片田地变成了草原，供自己放牧，甚至在燕京都有人放牧。这样一来，粮食的产出就大大减少，全国的经济出现了一定程度的倒退。

元世祖忽必烈十分明白农业对国家发展的重要性，光靠放牧不能养活全国百姓，更不能使国家富强。因此，他提出"以农桑为急务"，开设"农业局"——劝农司，并且委派官员到各地督促农耕；他还规定，农业发展得好不好，直接关系到官员的"乌纱帽"。同时，他还命人搜集各种农耕经验，编成一本书——《农桑辑要》，来指导各地的农业生产。

经过这一系列的改革，全国的经济渐渐恢复了元气。

心胸开阔的忽必烈

如果说忽必烈是中国历史上心胸最开阔的皇帝之一，那是一点也不为过的。

当时，蒙古人只知道放牧、打仗，很看不惯汉人的儒家文化，可是忽必烈大力起用儒家士大夫，还用儒家思想来治理国家。

过去，汉人当皇帝时，总是歧视少数民族；少数民族称帝时，也总是排斥其他民族的人，总是认为自己的民族才是最尊贵的。忽必烈却很宽容，所以，

心宽体胖！

在他统治的时候，中国的各个民族有了大融合，很多少数民族在学习了汉族的先进文化后，也快速发展起来了。

一般中国皇帝总是推崇佛教和道教，而忽必烈却对各种宗教文化都很感兴趣。他鼓励各种宗教在中国自由发展，还给欧洲的教皇写信，邀请传教士到中国来，并和欧洲人探讨宗教问题。由于元朝的疆域非常辽阔，很多信奉伊斯兰教的人也来到了中国生活，渐渐地就形成了回族。

中国的各族人民之间、中国人和外国人之间原本是"老死不相往来"，在忽必烈的统治下，却出现了民族、文化交流和融合的局面，在历史上有着重要的意义。

历史微课

涮羊肉的由来 忽必烈不仅心胸开阔，还是个"美食家"呢，涮羊肉的发明传说就与忽必烈有关。一天，忽必烈在军中想吃清炖羊肉了，可敌军突然来袭，情急之下，厨子把羊肉切成薄片，放在锅里胡乱搅和一下就捞出来，放点配料，送去给忽必烈吃。忽必烈吃完就披挂上阵去了。回朝后，忽必烈让厨子再做一次上次的羊肉来宴请群臣，并建议多放些配料。文武大臣吃后都说好吃，忽必烈很高兴，就给这道新菜赐名"涮羊肉"。

亲近历史·中华上下五千年

QINJIN LISHI ZHONGHUA SHANG XIA WUQIAN NIAN

八思巴发明"八思巴文"

　　虽然塔塔统阿创造了蒙古文，但大多数蒙古人习惯了游牧生活，一时也懒得学写这些文字，而且蒙古贵族整天南征北战，根本没有时间学习蒙古文。当时，很多元朝的官员都是文盲，他们连自己的名字都不会写，需要签名、画押的时候，就盖上专属于自己的"花押"。

　　朝廷官员居然是文盲，这怎么行呢?! 刚好，这时"国师"八思巴创造出了一种文字，叫作"八思巴文"。这种文字完全不依赖畏兀儿文、汉文等文字，而是八思巴根据藏文字母、梵文字母的特点创造出来的。

造个字玩玩?

　　八思巴是吐蕃地区的僧侣，由于高深的佛法造诣，被忽必烈封为"国师"，掌管全国的宗教事务。

　　当时，蒙古国统治着许多不同的民族，这些民族又有不同的文字，八思巴觉得这样不利于传播佛教，于是决定把这些民族的文字统一起来。传说有一天，他看到一个女子手拿着搔木（痒痒挠）跪在地上，就有了灵感。他根据搔木的形状创造出了字母，这些字母分成元音字母和辅音字母，书写时自左往右竖写，并以音节作为书写单位。

听说"国师"八思巴创造出了一种全新的文字，忽必烈感到非常高兴，决定

这是猫文哦！

把它定为"国文"，在全国强制推行。但凡朝廷要发布什么公文，也都用"八思巴文"书写，然后在边上用小字注上其他民族的文字。

"八思巴文"是八思巴的呕心沥血之作，不过它并没有沿用下来，现在蒙古人使用的仍是塔塔统阿创造的文字。

郭守敬扩展大运河

郭守敬是我国历史上著名的科学家,也是元朝的"大禹",他的一生都献给了国家的水利事业。

郭守敬出生于一个"水利之家",他的祖父精通水利,郭守敬从小耳濡目染,通过勤奋学习,继承了爷爷的这一套本事。

郭守敬三十一岁的时候,忽必烈召见了他。或许是胸有成竹的缘故,郭守敬参见忽必烈时没有丝毫的紧张,而是不慌不忙、井井有条地提出了"水利六条"。虽然北方那么大,可是郭守敬对哪里水患严重、哪里的农田总是干旱知道得一清二楚,而且早就想好了治理的方法。

忽必烈听后又欣喜又佩服,命令郭守敬担任水利官。从此,郭守敬一生专注于治水工程,他兢兢业业,废寝忘食,足迹踏遍了大江南北。

多亏有了这位"再世大禹",元朝的洪涝灾害大大减少了,人们不用背井离乡,农田得到了灌溉,粮食也获得了丰收,而京杭大运河的最后完工也和郭守敬的努力密不可分。

京杭大运河家喻户晓,可是一开始这条大运河并没有通到北京,而是到通州就断了。不是人们不想把运河延长,而是地形太复杂,开凿的河道总是很快就被泥沙堵塞了。

郭守敬年轻时就提出了继续挖掘大运河的构想，六十岁时，他已经积累了丰富的治水经验，决定攻克这个难题。他把大都的地形反复考察了几遍，又把大都到通州的每条河流都研究了一番，最后终于找到了解决方案。他设置了二十座坝闸，并筑起了水库，来调节水位高低。

新河道只用一年半的时间就完工了，它全长八十余千米，而且排除了被泥沙堵塞的困扰，船只可以平稳通过。忽必烈高兴地将此河命名为"通惠河"。

通惠河凿成后，南北的来往更为密切，国家的商业也更发达了。郭守敬在挖掘运河时兴建的水库、水闸、大坝，至今仍在为首都北京做着贡献呢。

历史微课

郭守敬(1231—1316) 字若思，顺德府邢台县(今河北邢台)人。他早年师从刘秉忠、张文谦，后官至太史令，世称"郭太史"。郭守敬不光会治水，他在天文历法和数学等方面都取得了卓越的成就。他制订出了当时世界上最先进的历法《授时历》，改制、发明了简仪、高表等十几种新仪器，发明了弧矢割圆术等。为了纪念他，国际天文组织将月球上的一座环形山和太空中的一颗小行星以他的名字来命名。

品味元代

13

马可·波罗游中国

　　元朝统治的疆域非常广阔，西至多瑙河，北到北冰洋，横贯欧亚大陆。过去，东西方互相隔绝，几乎没有什么来往。由于蒙古人在今天的欧洲、中亚都建立了汗国，所以东西方之间的联系就多了起来，交通也比以前方便了。

　　马可·波罗的父亲喜欢冒险，他和兄弟、儿子一起从意大利威尼斯出发，在元朝的疆域里自西向东一路做生意，最后来到了元大都，并且受到了皇帝忽必烈的热情召见。忽必烈对这些黄头发、蓝眼睛的外国人很感兴趣，聪明的马可·波罗还被留在中国做了十七年的官。马可·波罗回到家乡威尼斯后，受到了当地人的瞩目，他的经历也被写成了一本书，那就是世界闻名的《马可·波罗游记》。

受到皇帝接见的威尼斯商人

我们都知道马可·波罗的名字，不过最先来到中国的并不是马可·波罗，而是他的父亲尼古拉·波罗和叔叔马菲奥·波罗。

他们都是"水城"威尼斯人。威尼斯的商业很发达，尼古拉和马菲奥就是做生意的。不过，他们并不是只在家乡做生意，而是哪里有商机，就往哪里去。两人都很爱冒险，都希望到陌生的地方闯一闯。他们在做生意的过程中，见识到了中国的珠宝、瓷器、丝绸、貂皮等等，所以他们也向往着有一天能去这些商品的产地——中国看看。

有一次，兄弟俩在做珠宝生意的途中，不知不觉地来到了钦察汗国。钦察汗国的可汗是成吉思汗的孙子别儿哥，他亲切地接见了这两个威尼斯商人，还用双倍的价钱买下了他们的珠宝，波罗兄弟别提有多高兴了。

说起来，这兄弟俩跟中国还真是有缘。后

我叫尼古拉·波罗！

来，他们在布哈拉做生意时，又碰到了伊儿汗国的大使，这是伊儿汗国的可汗旭烈兀派往蒙古汗国首都去觐见忽必烈的使者。或许是这兄弟俩性格开朗外向的缘故，大使对他们很感兴趣，还问他们说："你们愿意和我们一同去中国吗？我们的皇帝忽必烈从来没有见过黄头发、蓝眼睛的欧洲人，他一定很想见见你们。"

去中国！这不正是兄弟俩做梦也想着的事情吗？于是，他们爽快地答应了。而且，他们做生意时学会的一点蒙古语，也可以派上用场了。

1265年，兄弟俩终于到了蒙古汗国都城——大都。果然，忽必烈热情地召见了他们，还问了他们许多关于欧洲的事情。

兄弟俩受到了忽必烈的热情招待，每天好吃、好住、好玩，不亦乐乎。一个月后，他们踏上了回家的路，一方面，因为他们远离家乡已经整整九年，有些想家了；另一方面，更重要的是，忽必烈交给了他们一个光荣的任务——给罗马的教皇克莱门特四世送信。波罗兄弟能完成使命吗？

我叫马菲奥·波罗！

东方的皇帝与西方的教皇通信

　　和那些只知道打仗的蒙古族兄弟不同，忽必烈喜欢读书，对各民族的文化、宗教都很感兴趣。他不但重用吐蕃僧侣八思巴，而且对其他宗教文化也有所涉猎。这次见到这两个欧洲来客后，忽必烈详细询问了关于基督教的许多事情，最后，他写了一封信，让波罗兄弟回去时带给罗马教廷的教皇克莱门特四世。

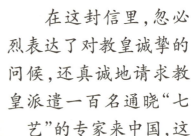

　　在这封信里，忽必烈表达了对教皇诚挚的问候，还真诚地请求教皇派遣一百名通晓"七艺"的专家来中国，这"七艺"指的是修辞、逻辑、语法、音乐、数学、天文、地理。忽必烈想让这些专家在中国传播西方的文化知识，当然，也希望能和他们当面讨论基督教的教义。

除此之外,忽必烈还想得到耶路撒冷耶稣墓上的灯油。在基督徒的眼中,这灯油可是非常珍贵的,不但能赐予人们福祉,还能治病救人呢。

就这样,波罗兄弟怀揣着忽必烈的信函出发了。

他们花了三年多时间,历经千辛万苦,终于到达了教廷所在地——罗马。不幸的是,教皇克莱门特四世刚刚去世,他们只好静静地等待着新教皇的产生。

因为罗马和威尼斯很近,所以波罗兄弟就趁着等待的时间,回到了家乡威尼斯。他们离家已经十多年了,这次回来,家里发生了天翻地覆的变化,尼古拉的妻子去世了,不过他们的儿子马可·波罗却长成了一个十五岁的英俊的小伙子。马可·波罗和他父亲一样聪明机灵、喜欢冒险,他一直在等待着父亲归来,因为他也想和父亲一样去冒险,去遥远的东方——中国开开眼界。

新教皇终于选出来了,当他得知鼎鼎大名的忽必烈邀请传教士前去传教时,感到非常高兴,于是热情洋溢地给忽必烈回了信,并答应了忽必烈的要求。

波罗兄弟圆满完成了任务,总算松了一口气,不过,这同时也意味着他们又得上路了。好奇的小马可不愿放弃这么好的机会,他再三央求之下,尼古拉才答应带着他一起上路。

又经过三年多时间,三个人终于又来到了大都,这时已经是1275年了,距他们上一次来,已经过去了九个年头,此时蒙古汗国也已改名为大元。再次见到欧洲来客,忽必烈别提有多高兴了,他看了教皇的回信后,重重地赏赐了这三个"杰出的使者"。忽必烈特别喜欢英俊的小伙子马可·波罗,就把他留在身边做官了。

金发碧眼的中国大臣

马可·波罗十七岁时从威尼斯出发，到达中国时已经二十一岁了。他非常聪明，在路上就已经掌握了一些蒙古语和汉语。忽必烈很喜欢他，就把他留在身边做官。

从一个威尼斯的普通小伙子，一下子变成了世界上最强大帝国的大臣，马可·波罗别提有多兴奋了。他很快学会了元朝的宫廷礼仪，对中国的风土人情也了解了不少。忽必烈看马可·波罗学东西特别快，人又机灵，就派他去云南。

马可·波罗以前从来没有离开过欧洲，来到中国云南后看到这么多见所未见、闻所未闻的奇异景象，不由得被深深地吸引住了。回到大都后，他把云南的各种风土人情、与众不同之处都详详细细、绘声绘色地讲给忽必烈听。过去的钦差大臣回来后总是讲不出个所以然，而这次忽必烈被小伙子的讲述给打动了，他更加喜欢和器重马可·波罗了。

忽必烈认为马可·波罗是一位优秀的使臣，于是不但又派他去了中国的许多地方，还派他出访了周边一些国家，马可·波罗每次都出色地完成了任务，还把各地的风俗都告诉忽必烈，并且讲得活灵活现。这也是为什么《马可·波罗游记》里描述了这么多国家和城市的原因。

马可·波罗不但是一个优秀的使臣，他还在扬州做了三年官呢。

一晃二十年时间过去了，马可·波罗在元朝做官的时间已有十七年，马可·波罗的爸爸和叔叔也逐渐衰老了，他们三个人都常常思念自己的家乡。虽然他们多次请求回家，不过都没能获得忽必烈的恩准。

机会终于来了。元朝的汗国之一——伊儿汗国的卜鲁罕王妃去世了。卜鲁罕王妃本来就是蒙

古卜鲁罕部的贵族，这次，伊儿汗国的汗王请求忽必烈再赐他一个卜鲁罕部的贵族女子为妻。很快，忽必烈就为他选出了一名十九岁的美貌女子——阔阔真。由于马可·波罗的父亲熟悉通往伊儿汗国的道路，在他

的再三请求下,忽必烈总算同意波罗一家三人护送阔阔真前往伊儿汗国。

马可·波罗二十年的中国生活到此才画上了句号。护送阔阔真王妃到达伊儿汗国后,波罗一家又走了三年多,才回到了阔别二十多年的家乡威尼斯。

当他们穿着异国的服装、带着奇珍异宝出现在威尼斯时,整个城市都沸腾了。波罗一家的中国宫廷奇遇在当地引起了巨大的轰动,人们纷纷前来,争着看一看波罗一家人。尤其是马可·波罗一行带回的宝石、香料、珍珠,更是让威尼斯人羡慕不已。人们还给马可·波罗起了个外号,叫"百万富翁马可"。

《马可·波罗游记》的诞生

马可·波罗从中国回到威尼斯时,已经四十多岁了。

他回到家乡没多久,威尼斯就和邻近的另一个城市热那亚发生了冲突,并且打了起来。喜欢冒险的马可自然不会袖手旁观,因为双方的战斗主要集中在地中海上,都在战舰上进行,所以马可·波罗自己掏钱买了艘战舰,勇敢地加入了战斗。

不幸的是,马可·波罗很快被热那亚人抓获,还被关了起来。马可·波罗在中国的奇遇当时已经是家喻户晓了,所以热那亚人就趁这个机会,纷纷到牢里来看望马可·波罗,都想亲眼看看他长什么样,亲耳听听他讲述在中国的奇遇。

那时候,交通、通信都不发达,东西方之间很少有交流,马可·波罗的经历对热那亚人来说,简直就是天方夜谭。在马可·波罗口中,中国是那么的富庶,仿佛遍地都是黄金、珍宝,每个热那亚人听了都向往不已。

当时,有个叫鲁思梯谦的人和马可·波罗被关在同一间牢房,他是比萨人,爱好文学,精通法语,

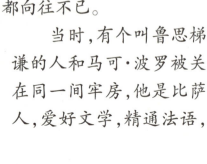

还用法语写过骑士小说。他觉得马可·波罗的经历简直比任何骑士小说都更加吸引人，便把马可·波罗所说的都记录下来，编成了一本书，这就是大名鼎鼎的《马可·波罗游记》，又被称为《东方见闻录》。

在这本书里，马可·波罗热情洋溢地赞美了中国的富饶，描述了当时中国的许多城市，对大都、杭州等城市更是赞不绝口。另外，书里也详细地记述了中国的风土人情、风俗习惯。在那个信息闭塞的年代，这真是一本奇异而伟大的书，即使今天看起来，它还是那么有趣、那么有意义。迄今为止，《马可·波罗游记》已经拥有一百多种译本，阅读过这本书的人不计其数，马可·波罗也被称为"中世纪伟大的旅行家"。

战争结束后，马可·波罗被释放了。不过，后来他一直生活在威尼斯，没有再到中国来，因为他从中国带回的财富已经足够他用一辈子了。出狱后，马可·波罗干起了家族的老本行——做生意，还娶了老婆，生了两个孩子，一直活到了七十岁。1324年，马可·波罗因病在威尼斯逝世，他传奇的一生就此画上了一个圆满的句号。

14· 只维持了九十八年的元朝

元朝是中国历史上版图最大的朝代,可它的统治时间却不长,只有短短的九十八年,原因是元朝的统治太残暴。虽然元世祖忽必烈是一位明君,可是他死后,蒙古的皇族为了争夺皇位互相残杀,根本无暇管理国家;掌权的蒙古贵族对占人口大多数的汉族人进行残酷的压迫;他们也不注重发展经济,只知道残酷剥削人民,遇到灾荒,很多百姓被活活饿死。

元朝是我国第一个使用纯纸币的朝代,但由于当时的官员非常腐败,统治者滥用纸币,导致国库亏损,物价飞涨,社会陷入混乱之中。

老百姓不堪忍受疾苦,就揭竿而起,爆发了声势浩大的红巾军起义。经过十几年的斗争,最终,起义军将领朱元璋率军推翻了元朝的统治。

孩子们,这个鸡蛋是我们最后的食物了,你们分着吃吧!

哈哈!正好我也饿了,这鸡蛋归我吃!

把你们所有好吃的都交出来,一个鸡蛋怎么够!

啊哒!

混蛋!我再也忍受不了了!我们要造反!

人分四等

元朝的时候,中国大地上生活着许多民族。

不过,这么多民族之间的地位并不是平等的,而是被划分成四个等级。其中,蒙古人等级最高,为国族;其次是色目人,第三是汉人,最后是南人。"色目人"指的是西域人及中国西北各族人民;"汉人"指北方的汉族人及契丹人、女真人、高丽人;"南人"是南宋统治下的汉族人,也就是南方的汉人,有些人就索性称"南人"为"蛮子"。很显然,居于最后两位的汉人和南人在当时地位最低、最受歧视,这些三等公民和四等公民的命运很悲惨,有的还成了蒙古贵族的奴隶。

在当时,不但民族之间是不平等的,人与人之间也是分等级的。

1330年前后,元朝大概有八千万人。这些人依据其职业被分了十等,这十个等级是这样的:一官、二吏、三僧、四道、五医、六工、七猎、八娼、九儒、十丐。

本来地位很高的儒家文人被排为倒数第二,仅仅比乞丐好一点。

一斗米换一斗珍珠

元朝是我国第一个使用纯纸币的朝代，开创了使用纸币的新时代。

之前，人们买卖商品用的大多是铜钱，宋朝的时候，商业越来越发达，四川十六个商人联合印制了纸币，称为"交子"，这就是我国历史上最早的纸币。

忽必烈觉得宋朝发行的纸币很方便携带，又容易计算，纸币的成本也比铜钱低多了，便决定效仿。1260年，刚登上汗位的忽必烈发行了"中统元宝交钞"，而且下令以后全国一律使用纸币。

纸币的确有很多好处，人们做生意也方便了，所以忽必烈推行纸币政策的最初几年，国家的商业也更加繁荣了。尝到了甜头后,政府就开始发行更多的纸币。

只是当时的财政大臣非常腐败,只知道把金银珠宝往自己家里搬,不但没有能力发展国家的经济,还让国库亏空了不少,情急之下,他们只好发行更多的"中统钞"。再者,本来钞票应该是由中央政府统一发行的,可是很多蒙古贵族都有权力印制纸币,他们还以为印得越多,财富就越多,于是就没日没夜地印钱。

果然,好景不长,中统元宝交钞慢慢地贬值了,本来一文钱能买到的东西,现在花上两文、三文也不一定买得到。于是,朝廷决定不再用中统元宝交钞,改用"至元通行宝钞",以为这样就能解决纸币贬值的问题了。

可是,因为统治者越来越大肆挥霍,所以至元通行宝钞很快就重蹈中统元宝交钞的覆辙,甚至比中统元宝交钞更不值钱。全国上下,物价飞涨,老百姓什么也买不起,有的地方,一斗米可以换一斗珍珠,饥肠辘辘、露宿街头的人不计其数。

使用纸币本是一件利国利民的好事,但由于统治者滥印纸币,国库亏损日益严重。为了挽救经济危机,元朝政府又发行"至正交钞",也就是"变钞"。"变钞"实行后,全国上下人心惶惶,社会陷入了极大的混乱之中。

历史微课

至正交钞 元朝一共三次大规模发行货币,前两次依次是中统元宝交钞和至元通行宝钞,第三次是至正交钞。元朝最后一个皇帝元顺帝时期,通货膨胀,物价飞涨,为了挽救经济危机,丞相脱脱大规模发行至正交钞。至正交钞的发行量多于前两次,贬值也更为严重。结果是物价上涨十多倍,百姓不愿使用,以至于有人用纸币糊墙铺地,交钞最后形同废纸。

"开河"的悲剧

　　元朝后期统治者不注重发展经济,只知道残酷剥削人民,甚至在有"鱼米之乡"之称的江南地区,到处都可以见到饿死的人。有的地方一亩地要收租四石粮食,收获的粮食还不够缴租。一到闹天灾的时候,就连野菜都被挖光了,百姓们只能吃树皮、草根。社会日渐动荡。

　　伴随着"变钞"的闹剧,当时社会上又发生了"开河"的悲剧,更加剧了社会的动荡。

　　1344年,黄河大决堤,由于元朝统治腐败,又遭遇经济危机,所以黄河一直得不到治理,洪灾整整持续了六年,最后政府不得不治理黄河。治理黄河是一项庞大的工程,朝廷总共征集了十五万民工。这些民工的待遇简直连奴隶都不如,他们经常吃不到饭,而劳动时稍有怠慢,监工的皮鞭就会如雨点般打下来,他们的生活简直生不如死。

　　人民已经到了忍无可忍的地步,一场暴风雨正在酝酿之中。

石人一只眼,挑动黄河天下反

由于元朝统治者穷奢极欲,对百姓残酷剥削,特别是经过"变钞""开河",百姓已经到了走投无路的地步。与其在水深火热、饥寒交迫中死去,还不如起来推翻元朝的腐朽统治。一场轰轰烈烈的起义马上就要到来了,这场起义是由一个神秘的地下组织——白莲教发起的。

白莲教起源于宋代,也称白莲社,是混合佛教、明教、弥勒教等内容的秘密宗教组织。其教义崇尚光明,认为光明定能战胜黑暗,崇奉阿弥陀佛。

元朝建立后,白莲教得到了朝廷的承认,不再是暗地里进行活动的"地下组织"了,因而发展很快;虽然后来又遭朝廷禁

止，但其发展势头已不可阻挡。随着朝廷日益腐败，人民生活一天不如一天，老百姓早就对残暴的统治者恨之入骨，所以越来越多的人加入了白莲教，白莲教的声势也就越来越浩大了。

1351年，治理黄河的工程还没有结束，饱受非人待遇的民工已经到了忍无可忍的地步。白莲教的首领韩山童、刘福通认为，发动起义的时机已经成熟。

但凡古代的起义，往往都要借助上天的名义进行，说明是"替天行道"，这样才能一呼百应，百姓才会聚集在一起，白莲教的起义也不例外。他们想了一个办法，趁着夜深人静的时候，在"开河"的工地上偷偷埋下了一个石头做的人。这不是一般的石人，因为它只有一只眼睛。然后，他们编了一句歌谣到处传播："石人一只眼，挑动黄河天下反。"本来社会上就已经人心惶惶，所以这首歌谣一下子就传开了。

果然，没过多久，民工在挖土的时候，挖出了这个石人。这件事一传十，十传百，大家纷纷称奇，百姓们都想：这不正应验了歌谣里所唱的吗？因此，他们都认为这是天意。

有了石人作铺垫后，不久，白莲教首领韩山童、刘福通聚集了三千民众，在永年县（今属河北省）白鹿庄宣誓起义。

　　他们自称是"弥勒佛降生,明王出世",杀了黑牛、白马来祭拜天地。因为农民起义军以头裹红巾为标志,所以被称为"红巾军"。元末声势浩大的红巾军起义就这样拉开了帷幕。

元朝灭亡

1351 年，白莲教以"弥勒佛降生，明王出世"为口号，以红巾为标志，宣誓起义。然而，不知道是谁走漏了风声，官兵突然包围了白鹿庄，韩山童也被官兵所杀。不过，白莲教另一位首领刘福通勇敢地率领余下的人冲出了包围，还占领了颍州（今安徽阜阳）。老百姓早就不堪忍受元朝的残暴统治了，白莲教的起义一呼百应，队伍很快就发展壮大到了十多万人。

当时宋朝灭亡还不足一百年，人们对前朝记忆犹新。为了让起义名正言顺，起义军打起了"恢复宋朝"的旗帜，全国各地不断有人率军响应。

随着队伍不断壮大，起义军决定建立自己的政权。1355 年，刘福通立韩山童的儿子韩林儿为帝，定都亳州（今属安徽省），国号仍为宋，韩林儿被称为"小明王"。

起义军规模越来越大，已经发展到几十万大军。在刘福通的指挥下，他们兵分三路，不断向北进发，取得了节节胜利，眼看就要打到元朝的都城——大都。

　　这时，反元起义军的将领张士诚投降了元朝，还杀死了刘福通，中原地区的红巾军起义就这样失败了。

　　中原红巾军起义虽然失败了，可是元朝的统治也岌岌可危。江淮地区的红巾军将领朱元璋借助余下的部队，用十几年的时间，建立起了自己的政权。1368年，朱元璋在应天府（今江苏南京）称帝，建立明朝，没过多久又占领了大都。元朝就此灭亡，总共维持了九十八年。

15

中国古代文学史上的又一座高峰
——元曲

唐诗、宋词、元曲并称为我国古代文学史上的"三座高峰"。元曲又分为散曲和杂剧，二者都使用北曲演唱。散曲类似于宋词，有曲牌名，又有些像民歌；杂剧就像是元代的歌剧。此外，在南方地区还流行一种南曲演唱的南戏。

在我国文学史上，元杂剧的地位非常高，因为它是我国戏剧的真正起源。由于元朝政府把杂剧作为考试科目之一，所以元杂剧空前地兴盛起来，不但表演比以前更加规范了，而且还有了专门的剧作家写剧本，元朝也因此诞生了许多"戏剧大师"。其中最著名的，就是被称为"元曲四大家"的关汉卿、白朴、郑光祖、马致远。王实甫虽然不在四大家之列，但是他的成就也很高，他的《西厢记》是家喻户晓的文学佳作。

蒸不烂、捶不扁的"铜豌豆"
——关汉卿

关汉卿可以说是我国古代的莎士比亚，他的作品不但是我国文学史上的璀璨明珠，也是世界文学的瑰宝。

在大家的印象中，文人都很清高：有的人寒窗苦读，自甘寂寞；有的人归隐山林，不问世事。关汉卿也是一位饱读诗书、才华横溢的文人，可是他偏偏就爱和三教九流打交道，喜欢和最下层的百姓生活在一起，还说什么除非"阎王亲自唤，神鬼自来勾，三魂归地府，七魄丧冥幽"，他才作罢呢。

过去，儒家文人都瞧不起戏院这种地方，可是关汉卿却特别喜欢待在那里。他不但写剧本，还亲自上台演出。他能歌能舞，会吹会弹，会插科打诨，还会导演呢，用现在的话说，他是集编剧、导演、演员于一身。这在当时可以说是前所未有的。关汉卿是在戏院里成长起来的，也喜欢戏院这个环境，这和英国伟大的剧作家莎士比亚的生活如出一辙，莎士比亚甚至还跑过龙套、做过道具师呢。

元朝时，儒家地位很低，很多文人因此非常消沉，可是关汉卿生性幽默、豁达，他将自己的穷苦生活融进创作之中。正因为关汉卿熟悉下层人民的生活，熟悉戏剧演出的过程，所以他写起剧本来才会那么如鱼得水，他的作品也才会如此生动有趣，同时又如此深刻地揭露了社会的黑暗和腐败。

正义永远站在我这边，耶!

关汉卿的作品语言生动，市民的大白话、俗语信手拈来，情节非常动人，而且悬念迭出。他既能写喜剧，又能写悲剧。他的喜剧让人看了拍手称快，他的悲剧则感天动地。但不管是喜剧还是悲剧，都透露着强烈的正义感。主人公几乎都是下层百姓中的妇女，她们虽然在社会上、家庭中毫无地位可言，但机智、勇敢、正直，敢于和命运抗争。关汉卿用最美好的笔墨赞美了她们。

关汉卿本人是一个充满了正义感的人，他用自己的"如椽大笔"批判了当时那个是非颠倒、惨无人道的黑暗社会，表达了对穷苦百姓深深的同情；而他自己也秉性刚毅，从不向命运低头，是"蒸不烂、煮不熟、捶不扁、炒不爆，响当当一粒铜豌豆"!

今天，关汉卿已是世界公认的戏剧大师，他被誉为元杂剧的"奠基人"、中国戏剧的"鼻祖"、"元曲四大家"之首，他的作品至今仍广为流传。

《感天动地窦娥冤》

关汉卿一生共创作杂剧剧本六十多种，由于年代久远，现仅存十多种。他的代表作有《赵盼儿风月救风尘》《关大王单刀赴会》《包待制三勘蝴蝶梦》和《感天动地窦娥冤》等。

在关汉卿所有的剧本中，《感天动地窦娥冤》是最有名的一个。

书生窦天章虽然满腹经纶，可是家贫如洗，没有钱进京赶考，欠蔡婆婆的钱也还不了，只好把幼女窦娥卖给蔡家做童养媳。窦娥勤劳、温顺、能干，蔡婆婆靠放债赚一些"羊羔儿利"，他们一家的日子还算过得去。岂料，窦娥十七岁时，丈夫去世了，留下她和婆婆两人相依为命。

赛卢医欠了蔡婆婆二十两银子，因为没钱还债，便对蔡婆婆动了杀心，幸亏张驴儿父子救了蔡婆婆。

姐姐，天上飘的是棉花糖吗？

大概是吧！

窦娥之墓

可是婆媳二人才出"火坑"，又进了"贼窝"，这张驴儿父子也没安什么好心，想强占蔡婆婆和窦娥，被窦娥严词拒绝。张驴儿父子不禁很恼火，就想毒死蔡婆婆，再把窦娥占为己有。岂料张驴儿的父亲阴差阳错喝下了毒药，当场毙命，张驴儿又是恼火又是害怕，他威胁窦娥说："如果你不从我，我就到官府那里告你杀人！"

善良、正直的窦娥问心无愧，不怕对簿公堂，还以为官府一定会还她一个清白。

可是，那太守是一个贪得无厌、是非不分的人，他对窦娥施用酷刑，窦娥不堪忍受痛苦，屈打成招。

在去刑场的路上，窦娥想起自己屈辱的一生，

不禁呼喊道："地也，你不分好歹何为地？天也，你错勘贤愚枉做天！"接着，她发下了三桩奇誓。

她死后，誓言都一一应验了。窦娥被问斩的时候，她的血居然飞到了飘舞的白布上，这就是第一桩奇誓——血飞白练；接着，那年的夏天六月下起了鹅毛大雪，这就是六月降雪；窦娥死后，当地大旱三年，这就是她的第三个誓言。

几年后，窦娥的父亲窦天章科举及第，当上了大官。窦娥的冤魂反复地在他灯下显灵，窦天章于是重新翻案，结果审出了这个大冤案，窦娥的冤情才得以昭雪。

《感天动地窦娥冤》揭露了当时的社会是多么黑暗。窦娥坚强而又无力的抗争真是感天动地，后来，人们就用"六月降雪"来比喻有天大的冤情。

历史微课

元曲四大家 指关汉卿、白朴、郑光祖、马致远四位元代杂剧作家，四人代表了元代不同时期不同流派杂剧创作的成就，因此被称为"元曲四大家"。其中，白朴的代表作有《唐明皇秋夜梧桐雨》《裴少俊墙头马上》等；郑光祖的代表作有《虎牢关三战吕布》《倩女离魂》等；马致远被后人誉为"马神仙"，代表作有《天净沙·秋思》《汉宫秋》等。

《西厢记》——
愿有情人终成眷属

在古代，儿女的婚姻都是父母包办的，也就是父母说了算，父母说娶哪个女孩为妻就娶哪个女孩为妻，父母说嫁给谁就嫁给谁，很多夫妻都是到了洞房花烛夜的时候，才知道对方长什么样子，哪还有什么爱情可言呢？特别是女性，"嫁鸡随鸡，嫁狗随狗"，根本没有改变婚姻的自由。

在儒家士大夫眼里，男欢女爱之事不登大雅之堂，他们认为男的就应该奋发图强、专心读书考功名。唐代诗人元稹(zhěn)写了一本书叫《会真记》，讲述了崔莺莺和张生的爱情故事——他俩一见钟情，可是后来张生为了考状元，就抛弃了崔莺莺。当时的士大夫看了这个故事后，都赞许张生没有被爱情"冲昏头"，回到了正途。

可是，元朝剧作家王实甫不这么认为。和关汉卿一样，他平时就生活在社会的最底层，经常出入戏院，他真切地感受到真挚的爱情是多么感人，追求爱情并没有什么不对。于是，他重新写了崔莺莺

和张生的爱情故事,这个剧名就叫作《西厢记》。

《西厢记》的故事情节一波三折,非常动人。大家闺秀崔莺莺和进京赶考的穷书生张生一见钟情,可是封建礼教的代表——崔家老夫人却不允许他们来往,因为张生只是一个穷书生,两个人门不当、户不对。后来,孙飞虎上崔家抢亲,张生帮助崔家击退孙飞虎。本来,崔夫人已经答应将崔莺莺嫁给张生,可是孙飞虎被击退后,崔夫人又反悔了。幸亏崔莺莺的丫鬟——红娘从中帮忙,老夫人才勉强答应了他们的婚事,但是提出了一个条件:如果张生考上功名做了官,两人就能成亲;如果张生落榜了,就不能成亲。后来,张生一举及第,衣锦还乡,可是老夫人却已经把崔莺莺许给了郑恒。后来郑恒无理取闹,一头撞死了,崔莺莺和张生才有情人终成眷属。

《西厢记》诞生后,老百姓非常喜欢,可是统治阶级看了非常害怕,把它列为"禁书",将其焚毁。然而,《西厢记》却在民间流传开来,还对后来的作家产生了

历史微课

王实甫 生卒年不详,元代戏曲作家,一说名德信,大都(今北京)人。目前已知王实甫所作杂剧有十四种,现仅存《西厢记》《丽春堂》《破窑记》(一说关汉卿作)三种,另有《芙蓉亭》《贩茶船》两剧各存一折曲词。王实甫的剧作大多以青年男女追求爱情幸福为题材,作品风格秀美、细腻委婉,《西厢记》尤为出色。

深刻的影响。

　　书中的红娘也成了人们耳熟能详的人物，她聪明、谨慎，虽然口中用儒家士大夫的话来吓唬张生、劝说老夫人，内心却对崔莺莺、张生的爱情非常赞许，在她的帮助下，老夫人终于同意了这桩婚事。

　　《西厢记》不但情节生动、有趣，而且大胆地反对封建礼教，呼吁"愿普天下有情人都成眷属"，是我国元杂剧中一颗闪亮的明珠。

16 元朝的书法和绘画

　　在元朝,除了忽必烈之外,其余皇帝大多不重视文化,文人的地位很低,只比乞丐好一点。因此,文人只能不问政治、不求功名,醉心于山水之间,绘画、练字。在元朝,政府也不设画院,所以就没有专门画画的画师了。当时很多文人都是既会书法,又会画画,放浪形骸于山水间,以诗酒书画度日,在绘画形式上,形成了诗、书、画、印四者合一的特点,使中国画具有独特的美。

　　元朝最著名的书法家是赵孟頫(fǔ),他在元朝的书法领域里可谓一枝独秀,他创造的"赵体"名垂千古。赵孟頫不但擅长书法,也擅长绘画,他的画多以山水野村为题材。除了赵孟頫,最著名的画家要数"元四家"——黄公望、吴镇、王蒙和倪瓒了。另外,"放牛娃"王冕画的墨梅清新脱俗,独树一帜。他们几个人风格相似,可是又各有不同。这些文人画家都为后世留下了许多有趣的故事。

书法、绘画双绝的赵孟頫

赵孟頫是我国历史上著名的书法家，和颜真卿、柳公权、欧阳询并称为"楷书四大家"。他的作品圆润、清逸，结构严整，用笔精到，而且能在传统书法的基础上，删繁就简，形成自己的风格，后人称之为"赵体"。

赵孟頫是宋朝开国皇帝——宋太祖赵匡胤的第十一世嫡传子孙，他也继承了宋朝皇帝工诗文、善书画、多才多艺的特点。可惜，赵孟頫出生时，大宋王朝早已岌岌可危、行将覆灭。

十一岁时，父亲因病去世，赵孟頫一家的生活也就陷入了困境。经历了国家灭亡、家道中落的赵孟頫，从此便隐居在家乡吴兴，整日与山水、书画为伴。

1286年，赵孟頫刚过而立之年，忽必烈下诏，寻找宋朝皇室的后代，赵孟頫就这样被"挖"了出来，来到了忽必烈的面前。

忽必烈从小在蒙古草原上长大，看到的都是强壮的勇士，当他看到赵孟頫相貌出众、飘逸脱俗，并且才华横溢，不禁"惊为天人"。忽必烈向来尊重文人，倾心于汉族文化，他见到赵孟頫后，立即决定重用他。很快，赵孟頫就做到了四品大官。

虽然忽必烈十分器重赵孟頫，可是赵孟頫心里明白，元朝的贵族们都排斥汉人，更排斥文人。于是，没过几年，赵孟頫就称自己生病，回到了家乡吴兴，又过起了无忧无虑的生活，常常和当时有名的文人、书法家鲜于枢等人赶往西湖边小聚，挥毫泼墨，非常自在。

虽然元朝不重视儒家文化，文人们都郁郁不得志，可是赵孟頫却官运亨通，始终受到先后几个元朝皇帝的重用。元朝的第四任皇帝仁宗即位后，立即把赵孟頫召回朝廷，他的官位也升到了二品。没过多久，赵孟頫竟然又被升为一品大夫。

赵孟頫不但楷书写得好,而且行书、隶书、篆书和草书的造诣也非常深,这在历史上是非常罕见的,他的代表作主要有《赤壁赋》《洛神赋》等。而且,他还是元代的画坛巨匠,山水、花鸟、人物样样精通。

或许你会问:赵孟頫能成为一个"全才"的秘诀是什么?天赋固然重要,但也离不开勤奋。赵孟頫五岁时就开始练习书法,直到临去世前都在观书作字,这就是他能取得这么高的成就的奥秘。

历史微课

知遇之恩 赵孟頫最开始是因元朝大臣程钜夫的举荐到朝廷做官的,后来担任翰林学士承旨、荣禄大夫,官居一品。当程钜夫辞官归家时,朝廷命赵孟頫接替他任职。赵孟頫就任后,先去拜谒程钜夫,然后再去翰林院就职,这件事被当时士大夫们传为佳话。

赵孟頫和他的"书法之家"

　　赵孟頫自己是声名显赫的书法家,他的妻子管道昇(shēng)、儿子赵雍也是元朝著名的画家、书法家,称他们为"书法之家"真是一点也不为过。传说,元仁宗曾经将他们三人的书法作品收在一起,命太监妥善保管,还说:"要是后世知道我朝有一个家庭,一家三口都是书法家,人们一定会称奇的。"

　　不出元仁宗所料,赵孟頫的"书法之家"果然成为历史上的美谈,尤其是赵孟頫才貌双全的妻子管道昇,更是值得一提。

　　管道昇出生于德清(今浙江德清),是我国历史上著名的女书法家、画家、诗人,还擅长刺绣。赵孟頫受封为魏国公后,她也被册封为魏国夫人。她才华横溢,会吟诗作赋,上了年纪后,还曾用一首诗挽回了自己的幸福。

　　在古代,男子有三妻四妾的不在少数,可是赵孟

頫一直没有纳妾。传说赵孟頫到了五十岁的时候，看到自己的朋友们人人都纳妾，也想效仿他们，纳一个年轻女子为妾。

管道昇知道这件事情后，就写了一首诗给他：

把一块泥，捻一个你，塑一个我。将咱两个一齐打破，用水调和；再捻一个你，再塑一个我。我泥中有你，你泥中有我。

这首诗用泥人打比方，说明夫妻相融，休戚与共，"你中有我，我中有你"。赵孟頫看了这首诗后，万分羞愧，从此再也不提纳妾的事情，和管道昇幸福地厮守了一辈子。

历史微课

元四家 指元代山水画的四位代表画家，包括黄公望、吴镇、王蒙、倪瓒四人，也有人将赵孟頫、高克恭、黄公望、吴镇、倪瓒、王蒙合称为"元六家"。他们四人都是江浙一带人，都生活在元末社会动乱之际，在艺术上都受到赵孟頫的影响。通过他们的探索和努力，中国山水画的笔墨技巧达到了一个高峰，对后世影响巨大。

只留清气满乾坤

　　王冕是元代著名画家,虽然他不在"元四家"之列,可是他画的墨梅清新脱俗,没有半点做作的感觉,不但看上去美不胜收,而且也是王冕不畏权势、不图富贵、高尚人格的写照。

　　王冕出生在诸暨(今浙江诸暨)的一户农民家里。他们村背靠青山,前有小溪,还有竹林、梅花、杏树、桃花围绕在四周,而且村庄里只住着三户人家,真是一个清静脱俗、宛如仙境的世外桃源,难怪王冕画的画也是这般清新出尘。

　　王冕家里非常贫穷,他自称"放牛娃""放牛翁"。他非常聪明,小小年纪就表现出了过人的天赋。他热爱学习,有一次,父亲让他去放牛,他却偷偷跑到附近的私塾外听课,等到私塾放学时,他的牛早已不见了,回家后被父亲狠狠地打了一顿。可他还是不改这"毛病",白天放牛,晚上跑到庙里看书,因为庙里有不灭的长

明灯。

　　王冕渐渐长大了,他饱读诗书,擅长绘画,可是他的才华没有用武之地,他的生活还是很贫困,常常得干很多农活。不过,他从不因自己学问高而鄙薄农事,除了下地种田,他还在池塘里养鱼,实在过不下去了,他就靠卖字画换回一点钱。渐渐地,他的画开始名声在外了。

　　王冕对穷苦百姓非常同情,对于不公平的社会现象痛心疾首。元朝灭亡后,明朝皇帝朱元璋请他出来做官,被他拒绝了。就因为他不愿意为统治阶级服务,所以他始终没有摆脱贫困,但他安于贫困,觉得隐居生活怡然自得。

　　王冕酷爱梅花,他种了许多梅花,平时的爱好就是赏梅、咏梅、画梅。画如其人,他画的梅用笔简单、精练,用色黯淡、朴素,枝条、花蕊都分外清新,一点也没有富贵气,这正如他的诗中所说:"不要人夸颜色好,只留清气满乾坤。"

不信鬼神的王冕

王冕为人正直,不图富贵,不畏权势,也不信鬼神。

传说王冕的家旁边有一座寺庙,王冕去寺庙里劈了一座神像来当柴烧。王冕的邻居很相信鬼神,知道他烧了神像后,觉得这是大不敬,连忙用木头重新刻了一个放回去。

然而,没过几天,新刻的神像又被王冕给当柴烧了,他的邻居也不依不饶,又补了一个,就这样,烧烧、补补好几回。奇怪的是,王冕如此不敬鬼神,可是一年到头倒也平安无事,而他的邻居却经常碰上倒霉事。于是,邻居找了一个懂巫术的人,请他招来"神仙"为他排忧解难。邻居问:"为什么我如此敬重神明,运气还这么差,而王冕这么胡来,神仙倒还保佑他呢?"

懂巫术的人一时也不知道怎么回答,只好说:"谁让你老是重新刻像呢,要是你不刻,他还有什么可烧的?"

邻居觉得也是,后来就再也不刻神像了。没了神像,这个寺庙也就渐渐衰败了。

差点被烧毁的国宝

　　黄公望是我国历史上著名的山水画家。他本来是江苏人，名叫陆坚，在他很小的时候，父母就去世了，所以他被过继给了浙江永嘉（今浙江温州）一个叫黄乐的人。当时黄乐已经八十多岁，突然有了这个儿子，别提有多高兴了，说："我黄公盼望这个儿子很久了！"于是，陆坚就改了名，叫黄公望。

　　黄公望天资聪颖，小时候就被人称为"神童"。他虽有才华，却没有施展的机会，只好隐居在杭州西湖边，整日钻研绘画。由于对社会失望，黄公望加入了道教教派——全真教，作为精神上的寄托，还和太极拳的创始人张三丰成了好朋友。

　　随着年纪的增大，黄公望的画也画得越来越好，他七十九岁的时候，和朋友一起到富春江游玩。富春江就在杭州边上，位于现在的浙江省杭州市富阳区，江边层峦叠嶂，景色非常优美。黄公望提笔画下了《富春山居图》。这幅画意境深远，成了后人争相收藏的宝贝。经过几次转手，后来它到了一个叫吴洪裕的收藏家手中。吴洪裕喜欢得不得了，整天对着《富春山居图》痴痴地观赏。他太喜欢这幅画了，就产生了自私的念头，不希望别人有福气欣赏到这幅画。临死的时候，他命家人把画摊到他的面前，看了又看，最后说了一个字："烧！"把画烧了，就再也没有人能看到这幅画了，他到"阴间"就可以继续占有这幅画。吴洪裕亲眼看着家人用火点燃了这幅画，才咽了气，闭上了眼睛。

把这样的宝贝烧掉实在太可惜了，吴洪裕的侄子看见他已经咽气，就连忙抢下这幅画，总算把它救了下来，不过开篇已经被烧毁，画也分成了两段。

幸运的是，《富春山居图》最终仍然得以保留下来，现在已是中国的国宝，一半藏在浙江省博物馆，一半藏在台北故宫博物院。

17 元朝的科技成就

　　虽然元朝的历史很短暂,但还是涌现出了一批科学家,创造了许多了不起的科技成果。

　　元朝继承了宋朝发达的数学研究,我们的祖先用了近千年的"计算器"——算盘,就是由元朝人民发明的;朱世杰的《四元玉鉴》里已经总结了如何解四元高次方程,还提出了"消元"的解法,比西方早了整整三百年。

　　元朝空前的庞大版图也促进了中国地理学的发展,元世祖忽必烈曾派人探查黄河之源,最终发现了古人认为的黄河发源地——"火敦脑儿",也就是星宿海。

　　元朝人王祯撰写的《农书》,是我国著名的农学巨著,也是我国第一部对农业进行系统研究的书。

　　不过,元朝最著名的科学家,是纺织家黄道婆和大科学家郭守敬。他们为什么能在历史上名垂千古呢? 让我们来读读他们的故事吧。

黄道婆流落他乡

黄道婆原来叫黄婆，由于她曾经寄居在道观里，所以人们也称她黄道婆。她不但把先进的纺织技术从海南岛带回元朝大陆，还凭借着自己的聪明和勤奋，发明了更先进的纺织工具，是我国历史上重要的发明家。

黄道婆出生于松江府乌泥泾镇（在今上海徐汇区），家里非常贫穷，十岁出头就被卖给别人做了童养媳。黄道婆的生活从此陷入了水深火热之中。她还只是十来岁的小姑娘，却被当成壮年劳力来使唤，白天，她要下地干活，晚上还要熬夜织布。这还不能让婆家满意，她的公公、婆婆和丈夫动不动就打骂她。

在封建社会，劳动妇女的地位是很低的。更何况，黄道婆已经被卖给别人做童养媳，也没有人会再收留她。就这样默默忍受了几年，有一次，她丈夫又对她一顿毒打，连饭也不给她吃，还把她关在黑漆漆的柴房里。黄道婆再也无法忍受这种惨无人道的折磨了，她想：这样活着还不如死了好，我干吗不试试逃走呢？于是，她在柴房的屋顶上打了个洞逃跑了。

黄道婆拼命地跑着，因为被抓回去的话，后果不堪设想。她朝着黄浦江跑去，最后逃到了黄浦江边的一条海船上躲了起来。没想到，这条船一直从松江开到了千里之外的崖州（治所在今海南三亚）。

　　黄道婆流落他乡后，生活虽然艰苦，但是获得了自由。崖州居住的主要是黎族百姓，他们勤劳、热情、淳朴。听说了黄道婆的身世后，大家都很同情她，都热情地帮助她。于是，黄道婆在遥远的异乡，开始了新生活。

纺织家黄道婆

　　黄道婆看到崖州当地的姑娘们都穿着五颜六色的民族服装,漂亮极了。而且,这些衣服的布料也是她从来没有看到过的。原来,黎族妇女擅长纺织,她们的棉纺织技术比内地先进多了,她们织出的"黎锦""黎饰""黎单""黎幔""鞍塔"非常有名,唐朝时,用黎锦做成的被面、桌布等各种布艺还是皇亲国戚才能享用的贡品呢。

　　黄道婆在海南岛定居下来后,也开始学习纺织,当地的黎族妇女更是毫无保留地把自己的技术都传授给黄道婆。黄道婆本来就很聪颖,再加上她把黎族和汉族的纺织工艺融合在一起,所以她逐渐成了当地的纺织能手。

　　一晃三十年过去了,黄道婆和黎族人民结下了深厚的感情。黄道婆在崖州的生活和在松江的生活一比,真是一个天上,一个地下。然而,黄道婆始终怀念着自己的家乡,所以她还是决定回去。

　　黄道婆回到家乡后,发现当地的棉纺织技术依然很落后,就手把手地把自己的技艺都传授给了当地的妇女。她还通过自己的研究，改进当地的纺织工具。譬如，要把棉纤维从棉籽上弄下来是非常麻烦的，过去人们通过敲敲打打，甚至手工剥出来，常常剥不干净。黄道婆发明了轧棉车，这样，脱籽就变得又快又容易。还有，过去人们弹棉花用的是一尺五寸的弹棉弓，弹起棉花来非常慢，黄道婆发明了四尺长的弹棉弓，弹棉花的速度就快多了。更重要的是，黄道婆发明了三锭棉纺车，使纺织速度大大提高，而欧洲一直到工业革命时才掌握这种技术呢。总之，黄道婆对纺织技术进行了多方面的改进。

人们的日常生活离不开纺织，黄道婆的发明推动了棉纺织技术的发展，对她的家乡——松江乌泥泾镇的发展也做出了重大贡献。过去，乌泥泾镇只是一个贫穷的小渔村，可是自从黄道婆把先进的纺织技术传授给当地妇女之后，乌泥泾镇一下子成了全国著名的纺织中心，从事纺织的家庭超过了一千户。黄道婆根据"崖州被"改进的"乌泥泾被"也成了全国著名的被面，人们争相购买。

黄道婆在我国纺织历史上具有重要地位，她自强不息、吃苦耐劳和勇于改变命运的精神，也值得后人学习。

大科学家郭守敬

郭守敬是元朝著名的天文学家、水利学家、数学家。他很小的时候，父亲就去世了，他由祖父抚养成人。祖父非常热爱科学，而且精通数学和水利。郭守敬不但继承了祖父的科学天赋，而且从小就养成了爱思考、勤动手的习惯，对大自然的各种现象、人类的各种发明都充满了好奇。小时候，别的小孩都喜欢玩，可是郭守敬很少和小朋友们一起玩，因为他把时间都用在"做实验"上了，看到各种有意思的工具，他都非得亲手做一个出来不可。

北宋时曾经出现过一种计时工具叫作莲花漏，它和我们今天见到的沙漏原理相似，通过水的流动来显示过去了多少时间，可惜后来失传了，只留下一幅《莲花漏图》。郭守敬十五岁的时候，意外得到一份《石本莲花漏图》，一下子就看入迷了。当时，有很多人都尝试过再造一个莲花漏出来，研究了很多年都没有什么结果。光凭一张图，就能弄清它里面的构造，这可是非常困难的。可是，郭守敬只用了几天时间,就真的造出了一个莲花漏来,难怪别人形容他"巧思绝人"。这种仪器相当先进,后来成了皇宫里专用的计时工具——七宝竹漏。

　　郭守敬的家乡邢台县本来有座石桥,在战争中被毁坏后,桥基陷入了河泥里。后来,当人们想找到桥基的位置,再造一座新的石桥时,居然谁也不记得它的具体方位了。当时,郭守敬才二十岁,他知道后,对河流上下游进行了考察,再经过计算,很快确定了位置,人们按照他算出的地点进行挖掘,果然找到了桥基。人们都对郭守敬佩服得五体投地。

以后计时就用不着看太阳了!

郭守敬是元朝的官员,受到了元世祖忽必烈的重用。他负责兴修水利,疏通河道,为国家办了很多实事。

元世祖统一中国后,大力支持发展农业。农业和气候有很大关系,人们根据几千年的经验总结出了各种"农时"。农时和天文历法有关,可是,那时候中国南、北方没有统一的历法,很不方便,特别是北方少数民族的历法,已经很落后了,很多节气都不准。于是,忽必烈下令成立了太史局,负责制定历法,而郭守敬也从水利部门调到了太史局。

修订历法是一项庞大的、旷日持久的工作。"工

欲善其事,必先利其器"。修订历法需要观测天象,而观测天象就要用到一种仪器——浑天仪。大家一定还记得,浑天仪是东汉著名科学家张衡发明的,能够观测星星的运行。郭守敬发现,当时的浑天仪已经非常古老了,不但用起来不方便,而且测量结果也不是很准。于是,他着手

对设备进行了改进。花费了一番功夫后，郭守敬研制出了更加精确、简便的浑天仪。除了浑天仪，他还改进了通过度量日影长度以测定节气和一年时间长短的圭表。总之，郭守敬把所有仪器都"大动筋骨"了一番，总共改进和发明了将近二十种天文仪器。

　　然而，好的设备只是成功的一部分，郭守敬认为，必须到全国各地进行实地观测，才能得到更精确的数据。在元世祖忽必烈的大力支持下，郭守敬一边在大都建造一座新的天文台，一边开始了大规模的实地测量。太史局总共在全国设了二十七个观测点，北至今天的西伯利亚，南到今天的西沙群岛，被称为"四海测验"。

　　数据收集上来以后，历法的编订也就到了最后一步了。又经过郭守敬两年反复、周密的计算，历经千辛万苦的《授时历》终于大功告成了！可是，一起编订历法的王恂、许衡、杨恭懿等人，有的已经在工作中去世了，有的年纪太大告老还乡了，只有郭守敬坚持到了最后。

《授时历》是中国历史上施行最久的历法，明代的《大统历》基本上就是《授时历》。《授时历》的最大成就是算出了一年有365.2425天，和地球公转的时间仅仅相差26秒，这和我们现在通用的公历是一样的。除此之外，郭守敬还计算出精确的二十四节气，以及其他许多高精度的天文学数据。

郭守敬无愧为一个伟大的天文学家，为了纪念他的伟大成就，国际天文学会将月球上的一座环形山命名为"郭守敬山"，国际小行星研究会则把2012号小行星命名为"郭守敬星"。

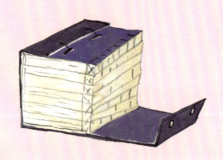

1. 铁木真在统一蒙古的过程中消灭了许多敌人，其中不包括(　　)

　A.王罕　　　B.札木合　　　C.太阳汗　　　D.哲别

2. 在一次战役中，铁木真虽然战败了，却反而吸引了许多原来的敌人前来投靠，增强了实力。这场战役是(　　)

　A.十三翼之战　　　B.第一次西征

　C.钓鱼城之战　　　D.襄阳大战

3. 铁木真正式建立蒙古汗国是在(　　)

　A.1189年　　　B.1202年　　　C.1206年　　　D.1227年

4. 蒙古文字的发明者是(　　)

　A.塔塔统阿　　　B.耶律楚材　　　C.丘处机　　　D.哲别

5. 蒙古(元)相继灭亡南宋、西夏、金等国，完成了统一。三国灭亡的先后顺序是(　　)

　A.南宋——金——西夏　　　B.西夏——金——南宋

　C.金——西夏——南宋　　　D.金——南宋——西夏

6. 中国古代史上，实现从长期分裂走向统一的朝代是(　　)

　①秦朝　　　②隋朝　　　③唐朝　　　④元朝

　A.①②③　　　B.①②④　　　C.①③④　　　D.②③④

7. 成吉思汗建立蒙古汗国之后，其子孙相继在世界的其他地方建立了四大汗国。下列说法错误的是(　　)

　A.钦察汗国又被称为金帐汗国

　B.察合台汗国是成吉思汗赐给儿子察合台的领地

C.窝阔台汗国疆域最辽阔

D.伊儿汗国子民大多信奉伊斯兰教

8.历史上统一全中国的蒙古人皇帝是(　　)

A.成吉思汗　　　B.窝阔台　　　C.蒙哥　　　D.忽必烈

9.元朝的时候,将居民分成四等,其中位居第二等级的是(　　)

A.色目人　　　B.蒙古人　　　C.南人　　　D.汉人

10.我国历史上最早的纸币是(　　)

A.中统元宝交钞　　B.至元通行宝钞　　C.至正交钞　　D.交子

11.意大利旅行家马可·波罗来华时,中国在位的皇帝是(　　)

A.宋太祖　　　B.宋高宗　　　C.成吉思汗　　　D.忽必烈

12.“一代天骄,成吉思汗,只识弯弓射大雕。”下列各项活动,属于成吉思汗的是(　　)

①统一蒙古各部　　　　　②建立蒙古政权

③发动大规模扩张战争　　④定国号为大元

A.①②③④　　　B.①②③　　　C.①②④　　　D.②③④

13.元曲《西厢记》的作者是(　　)

A.关汉卿　　　B.郑光祖　　　C.王实甫　　　D.马致远

14.我国楷书四大家中,生活在元代的是(　　)

A.柳公权　　　B.赵孟頫　　　C.欧阳询　　　D.颜真卿

15.元代有位画家酷爱梅花,曾写出过诗句“不要人夸颜色好,只留清气满乾坤”的是(　　)

A.王冕　　　B.王蒙　　　C.倪瓒　　　D.黄公望

16. 下列画作出现的先后顺序排列正确的是(　　)

　　①《洛神赋图》　　　　②《韩熙载夜宴图》

　　③《富春山居图》　　　　④《清明上河图》

　　A.①②③④　　　　B.①③②④

　　C.①②④③　　　　D.①④②③

17. 元代著名天文学家郭守敬编订的历法是(　　)

　　A.《大衍历》　　B.《授时历》　　C.《大统历》　　D.《大明历》

18. 中国历史上发生过许多次大规模农民起义,下列起义按年代顺序

　　排列正确的是(　　)

　　①红巾军起义　②黄巾起义　③黄巢起义　④宋江起义

　　A.①②③④　　B.④③①②　　C.②③④①　　D.③②④①

19. 下列人物与相关事迹对应正确的是(　　)

　　A.成吉思汗统一中国　　　　B.关汉卿写作《西厢记》

　　C.忽必烈发动蒙古第一次西征　　　　D.黄道婆改进纺织技术

20. 元朝末年各地起义风起云涌,最后攻占大都、灭亡元朝的是(　　)

　　A.朱元璋　　B.刘福通　　C.韩林儿　　D.张士诚

答案

1.D	2.A	3.C	4.A	5.B
6.B	7.C	8.D	9.A	10.D
11.D	12.B	13.C	14.B	15.A
16.C	17.B	18.C	19.D	20.A

图书在版编目（CIP）数据

品味元代/小莳编写. —杭州：浙江少年儿童出版社，2019.3
（亲近历史·中华上下五千年）
ISBN 978-7-5597-1259-2

Ⅰ.①品… Ⅱ.①小… Ⅲ.①中国历史-元代-少儿读物 Ⅳ.①K247.09

中国版本图书馆 CIP 数据核字(2019)第 019698 号

责任编辑　赵凯杰　　　美术编辑　陈悦帆
封面绘画　郑凯军　　　封面设计　辰辰星
责任校对　沈　鹏　　　责任印制　孙　诚

亲近历史·中华上下五千年

品味元代
PINWEI YUANDAI

小莳　编写

胡舒勇　陆嘉伟　等　绘画

浙江少年儿童出版社出版发行
（杭州市天目山路 40 号）

杭州下城教育印刷有限公司印刷　　全国各地新华书店经销
开本 880mm×1230mm　1/32　印张 6.875　印数 1—10000
2019 年 3 月第 1 版　　2019 年 3 月第 1 次印刷

ISBN 978-7-5597-1259-2　　　　定价：28.00 元
（如有印装质量问题，影响阅读，请与购买书店联系调换）

承印厂联系电话：0571-85361198